答えは魂が知っている

富と成功がずっと続く10の法則

Setsuko Inagaki
稲垣説子

ビジネス社

答えは
魂が知っている

プロローグ

日本には、大昔から八百万《やおよろず》の神々の伝承が残っています。

神主様のジョークでこんなものがあります。

「日本にキリスト教があまり普及しないのは、どうしてなんでしょう?」

神主「それは、八百万のなかの御一体だからです」


子どもが産まれて、男の子ならば31日目、女の子ならば32日目に、近くの神社の産《うぶ》土神《すながみ》に初参りをすることを、お宮参りといいます。

神主様に御祓いをしていただき、お札をいただいて帰りますが、古代のお宮参りは、今のものと様相が違います。神主様が御祭神を神懸かりとなって身に降ろし、その子の神の系譜を伝えていたといいます。

例えば、この女子は天鈿女命《あめのうずめのみこと》を継ぐ方なので、歌舞音曲がよろしいでしょうとか、この男子は手力雄神《たぢからおのかみ》の分け御魂をいただいているので、体育会系がよろしいでしょうとか、あるいは、このお嬢様はご両親よりも、偉大な御魂を宿しているので、大切にお育て下さい……などと、お伝えいただくことが本来のお宮参りでした。わたくしたちは５つの男神と、５つの女神の筋目正しい、神々の末裔《まつえい》、子孫であるそうです。なんとロマンのある話ではないでしょうか。

仏陀は「誰でも、仏になりうる」と説き、イエスは「神の国は、汝らの内にあり」とのべたように、不朽の書のなかで古の師たちは、静かに世界の人々が忘れてしまった、一人ひとりに宿る神性を説いています。

「目覚める者を神といい、眠れる者を人という」という賢者の言葉があります。本書がその目覚まし時計のベルの一音になれば、この世に産まれてきた甲斐があると、心からありがたいと思います。

第1章

あなたは
高貴なる
魂をもっている

第2章

言葉がすべてをつかさどる

第3章

自分を変えるスイッチを入れる！魂を磨く10カ条

第4章

豊かさと幸せを共存させる方法

第5章

富と成功を手にする8つの行動指標

第1章

あなたは高貴なる魂をもっている

高貴なる日本という国

人類の根源的な問いかけに、「なぜ自分は産まれてきたのか」、あるいは、「自分は何のために生きるのか」というものがあります。

わたくしは、さらに、「なぜ日本という国に産まれたのか」を問い続けてきました。そして、長い時間をかけて、日本の歴史を学び、世界とのかかわりを学んできました。その結果、わかったことがあります。それは、天候と海とで守られた豊かな島国で、世界に類を見ないほど成熟した文化が、日本人の気高く誇り高い精神を育んだということです。この気高さのもとは、自然と共存する姿勢であり、和を尊ぶ考え方にあります。

古の師は、「人は、魂を成長させるために産まれてきた。魂を成長させるとは、現世で徳を積むこと。人の役に立つこと」と語っていますが、わたくしにとっての答えは、「日本という神々を封じない国で魂を成長させる必要が、わたくしにはあったのだ」ということでした。

しかし、21世紀は地球人としてのアイデンティティも必要です。

まずは、歴史を3万年前まで戻しましょう。

3万年前といえば、最終氷河期にあたるころ。世界中が氷で覆われていました。日本列島自体は凍っていませんでしたが、海岸線の低下によって、北海道と樺太、ユーラシア大陸が陸続きになっていたほか、対馬海峡、津軽海峡のあたりが氷結し、大陸とつながっていました。また、琉球列島も断続的に氷の橋でつながり、日本海は巨大な湖になっていたようです。

日本が凍結していなかったのは、当時の花粉が発見されたことからも明らかです。植物が咲いていたということは、獣が餌を求めてやってくるということです。その獣を追って、大陸から、大和、弥生、ツングース、アイヌ、前出雲など5大民族が流れ込んで、もとからいた縄文と出会いました。

みなさんのなかには、日本人が太古からひとつの独立した民族だと思っている人がいるかもしれませんが、実は、いくつもの民族の血が複雑に混じり合っているのが日本人です。日本は3万年前に立派なコスモポリタン、つまり国際人になっていたのです。

その証拠に、日本人の顔立ちにはいろいろなタイプがあるでしょう。顔をローラーでのしたような平べったい顔、眉が太くて鼻の丸い四角ばった顔、目の位置が若干上についた顔、抜けるように色が白くて彫りの深い秋田おばこや山形美人のような顔など、わたくしたち日本人の顔は、骨相学（頭蓋骨の形状の違いを比べる学問）からいっても、非常に興味深い研究対象なのだそうです。

自然に寄り添う生き方

その後、最終氷河期が終わり、今、わたくしたちが知っている極東の小さな島国となった日本は、四方を海で囲われた自然の要塞を築き、森の民を育みました。対馬海峡を通って暖流が流れ込み、四季が移り変わり、落葉広葉樹林が繁茂し、岩清水がこんこんとわき出る美しい国になったのです。

春は草木が萌え、夏はむせかえるような緑に覆われ、秋になると虫の音が聞こえ、農作物が収穫され、冬になるとはらはらと葉が落ちていく。生命が萌えて成熟し、結実し、枯れていく四季のめぐりを見続けてきた民族のなかに芽生えたものは何だったのでしょう。

それは、「諸行無常」ではなかったかと思います。

すなわち、この世のあらゆるものはすべて移ろいゆく、ということです。有名な『平家物語』の冒頭の一節に、「祇園精舎の鐘の声、諸行無常の響きあり、沙羅双樹の花の色、盛者必衰の理を表す」とあるように、永遠に変化しないものなどありません。人間の肉体も必ず滅びるもののひとつです。だからこそ、天からもらった命を粗末にしない生き方をしよう、いい加減に生きることはやめよう、美しい生き様をしようという思想が定着したのだと思います。

これは、豊かな自然のサイクルのなかで生きてきた民族が受けられる、ありがたい恩恵です。過酷な砂漠の民ではないのです。

また、日本人は、自然に学ぶことが多かったせいか、つねに自然とともにあろうとし、家のなかにもできるだけ自然を取り込もうとしました。

現在の華道というのは、草木や花の命をありのままに飾ろうとする茶席での生け花から発展したものですが、豪華さを追い求めるのではなく、花の向き、枝の伸び方を研究し、自然の風興をそのまま「型」に収めたのです。

また、よしずを下げて自然の風を通したり、庭園という、自然に擬した小自然の景観をつくったりしたのも、自然を愛し、尊敬していたからでしょう。自然のなかで暮らす人々には、穏やかな心根が生まれました。

日本人が八百万の神々を崇敬したというのも、当然といえば当然かもしれません。自然は人々に恩恵をもたらすとともに、ときに危害をおよぼします。古代の日本人は、山の神様、森の神様、川の神様、木の神様といった自然物だけでなく、自然現象のなかにも神々しいものを感じ取り、火の神様、雨の神様、風の神様を、人間よりはるかに気高いものとして崇敬したのです。木こりは木を切るときは木に合掌し、祈りを捧げてから切りました。川を汚せばバチが当たると水を大事にしていました。自然と共に暮らす民話は数知れずあります。

唯一無二の歴史をもっている国

このような気候風土をもった日本人に愛国心が生まれたのは、いつのことだったのか。それには、中国文化と日本文化の成り立ちの違いがかかわってきます。

さあ、では、一気に時間を早回しして、6世紀の日本へ向かいましょう。歴史を紐解くと、非常に面白いものが見えてきます。

中国が躍進したのは、隋唐の時代です。それまでは、無数の部族がひしめき合い、武力で相手を倒しては次の皇帝の座を狙おうとし、新しい皇帝が生まれると、前の皇帝の一族は根絶やしにされるという、血で血を洗う争いが続いていました。三国志で有名な、劉備、孫権、曹操も、その地位を狙った部族のひとつです。秦の始皇帝以来、このような殺戮《さつりく》の時代が続きました。四川省だけでも、20年間で500回もの戦争が繰り返されたといわれています。

しかし、その勢いが中国の内側に向かって衝突していたため、周辺諸国は安全でした。ところが、強い統一中国が誕生すると、今度はわが国が侵略されるのではないかという危機感が襲いはじめます。

現に、「冊封体制《さくほう》」というものがありました。「冊封体制」とは、読んで字のごとく冊のなかに封じるという宗主国と属国という外交関係が伴うものです。「中華思想（中国こそが世界の「中心の華」であり、その民族・文化がもっとも優れているという思想）」から、周辺諸国は「化外《けがい》の地」として野蛮な国とみなし、「化外の地」の王は、すべて中国皇帝の家来であるという考え方で、外敵から国を守ってほしければ、年に一度、中国の皇帝に貢物をもってあいさつに行かなければならないというシステムです。かつての日本もその例外ではありませんでした。

そこに登場し、独立宣言したのが、推古天皇の時代の優れた外交官、聖徳太子です。朝鮮半島では、新羅が唐と連合して三国統一を果たし、中国の「冊封体制」に入って「新羅王」という位を与えられていましたが、それに対して、聖徳太子は、「日出ずる処の天子、書を日没する処の天子に致す。つつがなきや……」で有名な国書を、隋の皇帝・煬帝に送ったのです。

煬帝は、その手紙を見て「日没する処の天子とは何事だ」と怒りをあらわにしたそうです。ところが、聖徳太子は状況をよく見ていました。中国と陸続きである高句麗が、中国に対して反旗をひるがえしていたのです。もし高句麗と日本が手を結んだら、面倒なことになると、煬帝は振り上げた拳を収め、日本を攻めることはしなかったそうです。

その機に乗じて、聖徳太子は、再び手紙を送ります。「東の天皇、敬《つつし》みて、西の皇帝に白《もう》す……」。このとき、「天皇」という言葉を使って、「皇帝」と同格に並ぶことに成功しました。つまり、この手紙をもって、「日本は中国の属国にはなりません。『天皇』の統治する自立国です」ということを内外に明らかにしたのです。

なんと鮮やかな切り返しでしょう。しかし、その心中は、けっして穏やかではなかったはずです。なんとしてもこの国を守らなければいけないという、やむにやまれぬ愛国心がこのような奇策を生みだしたのかもしれません。

余談ですが、みなさんは、中国は4000年の歴史をもっていると思っていませんか？

先ほども少し触れましたが、中国の王朝は「易姓革命」といって、異なる民族に倒され、皇帝が変わるたびにまったく違う国になってしまいます。たとえば、「元（モンゴル族）」や「清（満州族）」などは、さらに、当時の中国の領域外から乗り込んできた王朝（征服王朝）です。日本のように、織田↓豊臣↓徳川等、政権が何回替わっても、征夷大将軍などの官位をいただいて、地位を狙わず天皇の臣下として国を治めてきたシステムとは大きく違うのです。中国の、今の政権の歴史を正確に「建国記念日」とするなら、「中華人民共和国」が樹立して60年ほどの歴史ということになります。古代中国にも神話がありましたが、皇帝ひとりが絶対権力を握り、神と同格に並んだ時点で神々は封じられました。

では、世界の主要国の建国記念日からの歴史はというと、アメリカが２３５年、フランスが２２０年、ロシアが20年、イギリスには建国記念日はありませんが、多く見積もっても９５０年。

日本のように、ただひとつの王朝（天皇）が、少なくとも２７００年（紀元前６６０年〜）続いているのは、世界でも類のない特別なことなのです。

この文化を継承してきたＤＮＡを、わたくしたちは持ち合わせているということです。

日本と漢字

ここで、日本と漢字について、少し述べておきたいと思います。

日本は、漢民族による支那哲学の影響を受けたといわれています。仏教と一緒に漢字が入ってきたのは6世紀頃のことです。日本文化は中国文化の猿マネと思われている人も多いようですが、歴史を研究すると古代人の優秀さに驚かされます。

そのころ日本語文字はまだ確立されていませんでした。文字の代わりに、神話や物語、歌などを言葉によって表現し、口から口へ、記憶を伝えるという手法が高度に発達していたのです。しかし、国家として国内を統治するためには文字が必要です。そうであれば、当時、中国から入ってきた漢字を使うのが一番手っ取り早いやり方だったでしょう。

ところが、日本人は、安易に漢字を中国語として丸のみすることはしませんでした。「神々の言葉に宿ると信じられていた神的な力」を生かしたまま、漢字を取り入れようと苦悶を続けたのです。実際に、漢字に触れてから、日本人は100年もの間、「中国語としての漢字」を取り込んではいません。そのころにつくられた万葉集で使われている中国漢字は、わずか0・3%ほどだそうです。

中国は大国だったので、律令（律は刑罰についての規定、令は政治・経済など一般行政に関する規定）や文化、学問については学びたかったのですが、漢字をそのまま使い、自分たちの言語「大和言葉」が侵害されてしまうことを恐れたのです。

そこで、漢文をそのまま使うのではなく、乎古止点《ヲコトてん》といって、漢字のまわりに点や線などの符号をつけることによって仮名の代わりにしたり、返り点を用いて読む順番を示したりして、中国の音読みに対して、日本の訓読み（例：山〈サン〉〈やま〉）とふたつに分けて、異文化支配からのがれ、元の漢字を崩して大和言葉（日本語）として読めるようにするという大胆な試みを行ったのです。そして、同時進行で、カタカナ、ひらがなを発明し、漢字を組み合わせて発展させ、日本独自の大和言葉を進化、完成させていったのです。

反対に、中国は広いので、全民族の言語を統一することは、現在でもできていませんし、皇帝が替わるたびに国が変わる侵略の歴史からみても、日本語ほどの完成度はないと言えます。たとえば、今でも邪馬台国の位置は確定されていませんが、魏志倭人伝には「水行十日　陸行一月」と書かれていました。これが、どういう意味か、わかりますか？

日本語で書けば、「水路で行けば10日、陸路で行けば1カ月」なのですが、「水路で10日、さらに陸路で1カ月」ともとれます。でも、そうすると、太平洋を突き抜けてしまうのです。助詞がないために、いくつかの解釈が生まれてしまい、正確な意味が伝わりにくいのです。そう考えると、中国語は、いまだ不完全な言語と言えるかもしれません。

日本語には、そのような曖昧さがありません。それでいて、機械的というわけではなく、ひとつの意味に合わせていくつものおくゆかしい言葉をもっています。俳句や和歌などによって、心のひだを伝えることもできれば、国の歴史や文化のよりどころとなる文献も、きちんと正確に書くことができるのです。

また、漢字、ひらがな、カタカナと3種類の文字をもつ日本語表記は世界でももっとも複雑なものだそうです。驚くべきは、その多様性です。日本人の精神文化をしっかり守りながら、3種類の文字を巧《たく》みに使い分け、(漢字表記による)漢語や(カタカナ表記による)西洋語を自在に取り入れるなど、新しい概念を吸収することにも成功しています。完成度の高い言語と言えるでしょう。

そういう意味において、日本語の仲間は、世界中探してもどこにもありません。ましてや、中国語や朝鮮語の仲間でもありません。しかも、その起源をたどれば1万年以上前。たとえば、ヨーロッパの言語は、英語、フランス語、イタリア語、ギリシャ語、ラテン語、サンスクリット語などを含めて、インド・ヨーロッパ語にグルーピングすることができますが、言語の歴史としては、日本の約半分、５０００〜６０００年しかありません。新興言語と言えます。

わたくしたちが現在使っている日本語は、それほど稀有《けう》な歴史をもった言語なのです。

よくわたくしは、「日本語というのは、取り扱い注意言語ですよ」と言っていますが、日本語の特徴というのは、自然に生まれたものではなく、わたくしたちの祖先がさまざまな苦心を重ねて生みだした知恵の結晶のようなものなのです。使う言葉によって、魂が影響されてしまうパワーがあるのも当然です。

１万年以上もの間、人々が守り抜いてきた美しい日本語を話すこと、話し続けることの意味を、いま一度考えてみることも、日本人としての誇りに目覚める上で重要なことでしょう。高貴なる魂にアクセスするには、美しい日本語がパスワードとなるのです。

茶の湯の心を高めた日本

それでも、日本は中国からいろいろなことを教えてもらいました。それは間違いありません。ただ、日本は、中国の優れた文化や思想をそのまま使うことをしませんでした。日本の独自の文化に合わせて咀嚼《そしゃく》し、さらに昇華させていったのです。

その代表的なものが、茶の湯です。

中国には陸羽という優れた茶人がいました。陸羽の著した『茶経』に代表されるお茶は「団茶」といって、今の日本にはあまりなじみのないものですが、当時の中国で一世を風靡《ふうび》しました。プーアル茶のような団子状をしていて、お湯のなかで茶葉を煮立て、そこに塩をちょっと入れるのです。お茶は朝廷への献上品となるほど貴重なもので、貴族たちに愛されていたそうです。

陸羽が極めたお茶の作法が茶の湯の基礎になり、日本には、最初、平安時代に最澄や空海といった、唐に留学していた僧によってもたらされました。このとき、お茶の木を持ち込み、宇治に植えた木が根づいたことから、「宇治茶」と呼ばれるようになったものもあります。

日本でもっとも流行ったのは粉茶、いわゆる抹茶です。当の中国は戦乱の世。その後、他民族に支配されて王朝が替わり、陸羽が伝えた「茶の湯の心」という意味での中国茶の文化は終わってしまいましたが、時と場所を変え、千利休によって日本で花開いたのです。

特に、利休の茶の湯の真髄は晩年にあります。表面的な華やかさを否定し、独特の緊張感と質実の美を追究した「わび茶」を完成させたのはもちろんのこと、楽茶碗や万代屋釜をはじめとする利休道具、光と影を自在に操る草庵茶室を考案するなど、茶の湯を総合芸術の域にまで高め、お茶の世界だけにとどまらず、日本の伝統文化に大きな足跡を残したのです。

しかし、他国の文化をそこまで洗練されたものにできたのは、民族が優れていたというだけではない、理由があります。

お茶ひとつとっても、中国ではすばらしい文化が築かれましたが、自国内の争いはもちろん、大陸であったがゆえに、つねに他民族の侵攻を受けていました。武力の強さと文化の高さは同じではありません。どれほど高い文化を育てても、武力で負ければそれでおしまい。精神性の低い民族によって、培ってきたものすべてが塗り替えられてしまうのです。

孔子、孟子の教えといったものですら、同じ運命をたどりました。祖先のつくった大切な文化を守るため、孔子の一族は、木簡や竹簡にその書を写し、漆喰の壁のなかに塗り固めたといわれています。

また、王朝が替わると、新しい国のリーダーによって、多くの民が殺されました。前皇帝の一族を女性や子どもを含めて皆殺しにするだけでなく、宮廷官僚、役人、軍人、一般市民まで容赦なく殺されることがあったそうです。三国志の時代には人口が10分の1にまで減少したという話まで残っています。

そのため、部族によっては、生まれた子どもに純金のブレスレットやネックレスをつける風習があったそうです。「私が死んでも、もしこの子が助かるなら、この金で、どうかこの子に食べ物を与えてください」という、親の願いが込められていたのでしょう。

日本は中国の学問を学ぶため、遣隋使や遣唐使を派遣留学させていましたが、円仁を最後に遣唐使が廃止されたのも、こうした国の乱れを目の当たりにしたからといわれています。自分も命を狙われ、命からがら日本へ戻ってきた円仁の話を聞いた菅原道真が、「もう唐から学ぶことはない」と言って、建議したのです。

陸続きの悲しさというのは、ヨーロッパを見てもわかります。

古い教会の壁をはがすと、今も時おり美しい宗教画が出てくるといいます。また、城のまわりを囲む城壁は、まるで刑務所のような頑丈さを持っていますが、外敵からの侵入を防ぐのはもとより、戦争になったとき、兵隊の数を確保するために、内部からも逃げられないようにするためだったそうです。

大陸の民は、生きることに必死でした。いつなんどき、敵が襲ってくるかわからないという緊張感のなかでは、手の込んだ料理を用意することも、器を吟味することも、ゆったり足を伸ばして寝ることさえ難しかったかもしれません。ゆえに、繊細な文化が育たなかったのです。この事実が未来に与える影響は、いかばかりかと思います。

同じころ、日本は自然の要塞《ようさい》、海が、外敵から国を守ってくれていました。平安時代、天皇の譲位後の御所であった朱雀院などは、城壁すらありませんでした。東西南北の門は、いつでも開かれていたそうです。

諸外国との戦争が始まるまでの何千年もの間、日本は奇跡と言ってもいい、平和な時代が続いたのです。だからこそ、茶の湯をはじめとするさまざまな文化に対して、じっくり時間をかけて向き合い、技を磨き澄まし、究極にまで美意識を高められたのでしょう。

日本人がどれほど恵まれていたか……。

大陸の歴史に刻まれた、際限のない恐怖を思うとき、日本に生まれたという、それだけで、幸せをかみしめないわけにいきません。

魂を堕落させない生き方

さて、時代はずっと近代に近づいて、明治です。

明治時代、ついに日本は戦争の世界地図に巻き込まれていきます。

その少し前、15世紀中ごろから17世紀なかごろまでは、大航海時代という、他国に物資を求めたヨーロッパ人による、インドやアジア大陸などへの植民地主義的な海外進出が行われていました。大航海時代といわれていますが、大侵略時代が始まりました。

ところが、時を同じくして、江戸時代だった日本は泰平そのものでした。今でいうGDPを当時の数字に当てはめれば、いざなぎ景気を超えていたともいわれ、まさに自国の豊かさを満喫していました。桜の季節ともなれば、侍も、町人も、町娘も総出で花見に繰り出し、にぎやかに踊り歌うなど、人々の豊かな暮らしのなかから四季折々の年中行事が生まれ、洗練された美意識や文化をさらに昇華させていったのです。また、寺子屋が発達し、識字率は世界でも最高の水準に達していました。百万都市の江戸は上下水道を完備させ、隅田川べりには白魚料理の店が軒を並べ、完全リサイクル社会のエコシティを現出させています。同じころ、やはり百万都市のフランス・パリは、石畳みは糞尿で汚れ、セーヌ川はすでに使えず、水売りが現れています。江戸時代はエコ社会といわれるほど、環境にやさしい循環型社会を形成し、生活様式だけでなく、社会秩序も成熟期を迎えていたのです。

そのころ、日本が植民地化されなかったのは、ひとつの奇跡と言えるでしょう。

しかし、アジア全体としては、当時、ヨーロッパの侵攻に苦しんでいました。中世に隆盛を極めたトルコは、ヨーロッパの列強にその誇りを奪われ、特にロシアの侵攻にあえいでいました。インドは、イギリスの統治下で、また、東南アジアでも、インドネシアはオランダに占領されるなど、その他のアジア諸国も次々に民族の誇りを踏みにじられ、苦々しい思いをしていました。なぜかというと、ヨーロッパに比べて武器文明の遅れていたアジアの人々は、武力や支配にたけた知恵で叩かれるとおとなしく従うしかなかったのです。その結果、物資だけでなく言葉も奪われ、民族そのものが衰退し、人口を激減させる国が後を絶ちませんでした。ひとつの民族が消滅するには、祖国の領土をとられることではなく、母国語をとられたときにその民族の心が失われ、消滅するのです。

しかし、日本は脅されてもなびきませんでした。それどころか、欧米列強にこの国を渡すわけにはいかない、国のしくみを変え、国民が一致団結しなければ国を守ることはできないと、最終的には貴族階級といわれた武士たちがみずからの既得権を捨て、地位も名誉も手放して、平民に降りたのです。多くの貴族がみずからの利権を手放すことが西洋文化にあったでしょうか？

それが、明治維新の本質だったのではないでしょうか。そして、短期間にほぼ独力で近代国家を整備し、欧米列強と肩を並べるほどの立憲国家を築き上げたのです。

さらに、「日露戦争」において、有色人種である日本が白色人種であるロシアを破ったことは、アジアの人々を大いに勇気づけました。まさにパラダイム（世界の価値観）

を変える戦いになったのです。特に、劣等民族とされていたアジア諸国にとって、日本は、とてもまぶしい存在であったはずです。インドの詩人であり哲学者で、ノーベル文学賞のアジア初の受賞者となった、ラビンドラナート・タゴールは次のように語っています。

「日本はアジアの中に希望をもたらした。われわれはこの日出る国に感謝を捧げるとともに日本には果たしてもらうべき東洋の使命がある。日本の偉大な理想がすべての人に顕現するようにしようではないか。（中略）日本人が、西洋思想や西洋文化をそのまま受け入れ、日本の伝統精神や伝統文化を忘れれば、日本人の価値も、日本人の文化も失われるであろう」

では、明治維新とともに、武士道精神は消えてなくなってしまったのでしょうか？

いいえ、そうではありません。

もともと武士道精神とは、自分の感情や欲望、邪念に打ち勝って自分を磨き、公のために尽くすことをよしとした考え方です。江戸時代に入り、幕府のもとで平和な秩序が確立され、戦いによって忠義を尽くす必要はなくなりました。しかし、そのことによって、かえって武士としての自覚が促され、自己の存在意義を問い、武士のあるべき姿を強く意識するようになったのです。

明治維新は、公のために生きようとした武士道の発揮によって成し遂げられました。その結果、制度的には武士階級の特権を抹消した変革となりましたが、武士という階級を通じて開花した正義感、勇気、仁愛、礼節、誠実、名誉、忠義という武士道精神の徳目は、日本人すべてにおける「道徳」として受け継がれ、豊かに成長し、成熟したのです。武士道は魂を堕落させない優れた教育システムと言えるでしょう。

武士道精神とは

ここから少しだけ、戦争について話をさせてください。知りたくない事柄かもしれませんが、事実を知っておくことも、また、日本人としてのアイデンティティを確立するためには不可欠だと思うからです。

まげを切ってわずか23年後に、「日露戦争」は始まりました。

戦争が始まる前の日本の船といえば、猪牙舟《ちょきぶね》と呼ばれる、屋根のない、舳先のとがった細長い形をした船上タクシーのような「舟」でした。江戸市中の河川で使われ、浅草の新吉原へ向かう遊客に用いられた、およそ戦争とは無縁の代物でしたから、明治新政府はあわてて軍備を進め、わずかな軍艦を揃えました。そして、まだ十分な準備が整わないうちに、朝鮮半島をめぐるロシアとの交渉が決裂し、戦争に突入することになったのです。当時ロシアは最強といわれるバルチック艦隊を保有していました。

ロシアを迎え撃つ連合艦隊司令官は、東郷平八郎。東郷は、日清戦争でも活躍した人物でしたが、まだ中央の役職にはついたことがありませんでした。この大抜擢に、明治天皇は、「なぜ東郷なのか」と尋ねたそうです。理由を聞かれた海軍首脳の山本権兵衛は、こう答えました。

「東郷は運のいい男です。そして、ひとりの部下も殺していません」

決戦の地になったのは、日本海です。東郷は、艦隊に対して、「皇国の興廃この一戦にあり。各員一層奮励努力せよ」という決意を伝える「Z旗」を自分が座乗する旗艦船のマストに掲げ、全軍の士気を鼓舞したといいます。

そして、大胆な「T字戦法（Tの形で自軍の艦隊を配して、全火力を敵艦隊の先頭艦に集中させるようにして撃破を図る戦術のこと）」でロシアの主力艦を撃沈し、その後、「トウゴウ・ターン」と呼ばれる戦法を使って、見事、海戦での勝利を収めたのです。

実は、日本の弱い軍事力ではまともにぶつかっても勝ち目はありませんでした。「T字戦法」とは、捨て身の策で一国をかけた大ばくちとも言える戦法でした。

しかし、そのことが功を奏しました。戦前の予想に反して、30分程度で主力艦同士の砲戦は決着がつき、ロシア艦隊は大損害を受けて統制を失ったといいます。日本艦隊は主力艦の損失がゼロだったのに対して、ロシア艦隊はほぼ全滅でした。

東郷平八郎率いる連合艦隊が、当時、世界屈指の戦力を誇っていた大国ロシアのバルチック艦隊を一方的に破ったニュースは、世界の注目を集めることとなりました。

この劇的勝利によって、当時、ロシアの圧力に苦しんでいたトルコでは、自国が勝利したように喜び、東郷は一躍、トルコの国民的英雄になったそうです。そして、「トーゴー」という名前が、通りの名や子どもの名前につけられるほど、親日家になってくれたという話もあります。

世界史を紐解いていただければわかるように、このときまでは、白人と堂々と戦い、そして有色人種が勝てた戦いはこの一戦のみということです。日本の勝利は、多くの有色人種たちを奮い立たせました。アジアすべての国々の独立のきっかけをつくりました。インドのガンジーは、非暴力非抵抗主義で独立を勝ちとり、それを見ていたアメリカのキング牧師は、「公の下に民は平等である」と言って、公民権を勝ちとったのです。「日露戦争」に勝ったことには、日本が植民地にされることを防いだだけではなく、有色人種が白人と肩を並べることになったという意味があると言えるでしょう。それだけの価値があったのだと思います。

さて、「日露戦争」の話はこれでおしまい。ですが、本題はここからです。

艦隊が撃沈されたことによって、およそ6000人ものロシア兵士たちが海に放り出されました。日本海軍は、それを見てどうしたと思いますか？

日本海軍は、一兵卒にいたるまで武士道精神があったので、全員を救助し、捕虜であっても手厚い看護をしたのです。その後、東郷は、バルチック艦隊の提督だったロジェスト・ヴェンスキーのお見舞いにも行っています。しかも、相手を気遣って、平服で。そして、病室の枕元に座って労をねぎらいました。このときヴェンスキーは、「敗れた相手が閣下であったことが、最大の慰めです」と涙を落としたといいます。戦時国際法を忠実に守った日本に世界各国から賞賛が寄せられました。

東郷は、本当に運のいい男でした。そして、気高い武士道精神をもっていました。それは、「大義のためには正々堂々と戦う。しかし、戦いが終われば敵も味方もなく、人間としての敬意を失わない」という、フェアプレーの精神です。

86歳で東郷が亡くなったとき、国葬には、イギリスから旗艦船「ケント」、アメリカからは、アジア艦隊旗艦「オーガスタ」、フランス、イタリアという五大国の艦船をはじめ、オランダ、中国の艦隊も東京湾を目指して出港し、儀仗隊を葬儀に参加させたそうです。弔砲といって、定刻に発砲して哀悼の意を示し、「偉大なるアドミラル（海軍元帥）東郷！」と言って歴史に残る人物を弔ったということです。

わたくしたちは戦争を「悪いこと」と思っていますが、戦争そのものを取り締まる法律は、実は世界のどこにもありません。未来のわたくしたちの手に委ねられているのです。

戦争に関して、かのアインシュタインは、次のように語っています。

「私は、第3次世界大戦に使用する兵器を予想することはできない。しかし、第4次世界大戦に使う武器を確信することはできる。それは、石だ」

これは、第3次世界大戦で人類滅亡の最終兵器が使用されて、人類が石器時代に戻り、そのときに使用する武器は原始的な石であるという意味です。

戦争の本当の恐ろしさは、殺す相手を人間と思わなくなることです。まるで虫ケラを踏みつぶすことと同じように錯覚させられてしまうことが、本当の恐怖だと感じています。敵に敬意を失わない、徳育の教育こそが、平和の決め手となると確信しています。

世界から尊敬される「武士道」とは

本書でもたびたび出てくる「武士道」は、本来、武士階級に発達したものです。

しかし、武士道はやがて、国民全体の道徳の基礎となり、その精神となったのです。

「武士道」という言葉を世界に広めたのは、5000円札の肖像にもなった新渡戸稲造です。

あるとき、新渡戸は、ベルギーの著名な学者から、こう聞かれたそうです。

「日本の学校には宗教教育がないというのですか?」

新渡戸は、答えます。

「ありません」

学者は、この言葉に衝撃を受けました。キリスト教が文明の基礎となっている欧州で、道徳とは宗教をもとにしたものであり、宗教なしに道徳教育など成しえないという考えがあったからです。そして、もう一度聞きました。

「宗教教育がない？　それでは、あなたがたはどのようにして道徳教育を授けるのですか？」

そのとき、新渡戸はすぐに答えることができませんでした。なぜなら、「人の道」である道徳の教えは、学校で習ったものではなかったからです。

そこで、自分のなかにある善悪や正義の観念をつくっているさまざまな要素を分析して、初めて、「日本には宗教に代わるものがある。それは武士道だ」と思い至ったのです。そして、明治32年、英文で『武士道』を書き上げました。原題は、『Bushido, the Soul of Japan』。「武士道―日本の魂」です。新渡戸は、この書によって、「武士道」こそ、日本人の道徳の基礎にあるものだということを欧米人に知らしめようとしたのです。

では、「武士道」の特質とはどのようなものでしょうか。簡単にまとめると、それは次の7つのキーワードに集約されています。

「義」……どんなに困難で狭い道であっても「正義の道理と公正さ（フェアプレー精神）」を守り、卑劣な行動、曲がった振る舞いをしてはいけない。

「勇」……「勇」は「義」と双子の関係にあるものであり、「勇気」は「義」のために行われるのでなければ、徳のなかに数えるに値しない。

「仁」……愛、寛容、他者への情愛、哀れみの心は、人間の魂がもつもっとも気高き性質である。特に、弱者、劣者、敗者に対する思いやりの情を徳とせよ。

「礼」……礼儀作法は社交の必須条件である。ただし、うわべだけの作法は礼儀ではない。心がこもっていなければ、礼とは言えない。

「誠」……嘘をつくこと、約束を破ることは、心の弱さを表す。自分の言葉には、重み（真実と誠実）をもたなければいけない。

「名誉」……自分の「名誉」「面目」を守ることは、人としてもっとも大切なこと。自分の「名誉」を傷つけるような恥ずべき行為をしてはいけない。

「忠義」……「忠義」の心は日本人の美徳であり誇りである。「個人」より「公」を重んじなければいけない。

いかがでしょう。これらはみな、道徳知識としては頭に入っていることばかりかもしれません。しかし、武士道は、知識を目的としていたわけではありません。重要なのは、「行動」です。「知行合一《ちこうごういつ》」といって、武士道におけるあらゆる知識は、日々の行動と一致しなければならないものと考えられていたのです。

「武士道」と「宗教」の違いは何か

「武士道」のもっとも大きな柱となるのは、「義」と言えるでしょう。「義」とは、不正や卑劣な行動を自ら禁じること、打算や損得ではない、人間としての正しい道を進むことをさします。それを、もっとやさしい言い方にすると、「良心」です。わたくしたちが、「あのとき、ああしていればよかった」と、〝良心の呵責〟を感じるのも、打算や損得で物事を判断し、人を助けなかったり、その場から逃げたり、自分だけがいい思いをしたときではないでしょうか。

しかしながら、自分を律し、この「良心」を守ることは、実は、人間にとって非常にハイレベルなことです。なぜなら、「良心」には、行わなければ罰せられるルールというものがありません。ルールであればやってはいけないことがはっきりわかりますが、「良心」は、やっていいこと、いけないことの判断を誰に強制されるわけではなく、自分自身で行わなければいけないのです。

そこが、「宗教」と「武士道」の大きな違いです。

「宗教」は、神様に救っていただく「完全他力」の考え方ですが、「武士道」は、「完全自力」。何か問題が起こっても、それは自分のせいであり、すべて自己責任をとると腹を決めた考え方です。ですから、神に祈るときも、「神よ、お願いです、わたくしを助けてください」ではなく、「神よ、わたくしの姿を見ていてください」となるのです。

戦国武将たちは、武田信玄であれば「風林火山」といった、旗指物を差していたでしょう。あれは、敵に見せているようで、実は、神様に見せるために差していたといわれています。日本において旗というものは、古来、「神よ、ご照覧あれ」という意味が込められていたのです。

また、西洋の教育と日本の教育の違いは、西洋の教育が「ソルジャー教育（騎士道教育）」であるのに対して、日本は「リーダー教育（大将教育）」ということです。騎士道、ナイトは、あくまでも貴人を守るガードマンですが、大将は、自分の頭で考え、自分で決めて行動するのが当たり前です。侍ならば、主君を守るため、「忠義」のために、己の命は己が決するというのが大将教育、つまり武士道なのです。

とはいえ、「義」を実践することは、口で言うほど簡単なことではありません。江戸時代の武士たちは、戦闘のプロではなく、為政者側の行政官として「民の見本」になることを求められるようになってから、あえてもっとも難しい「義」を徳目の筆頭におくことによって、それを理想として研さんを積んだといわれています。なぜなら、武士は貴族階級にあたり、何も生産性がないからです。農作物や商品をつくりだしていない特権階級です。だからこそ、精神性の高さ、「民の見本」としての姿を見せる厳しさがあったのです。

また、平和の世が長く続いた江戸では、武士が困窮し寺子屋の師匠となったので、読み・書き・そろばん、躾をはじめ、子どもたちに、武士道精神から学んだ「人の道」の原点を教え広めることにも熱心でした。それによって、日本全国津々浦々まで道徳が行きわたり、国民の民度がぐんと引き上げられたのです。

ところが、戦後教育によって、軍事はもとより精神的にも武装解除され、現代の日本人が行動判断の基準としているのは、「公」よりも、「プライベート」。突き詰めれば、どちらが得かという、自分を中心にした「損得勘定」です。数字で比較して損か得かわかるものであれば、合理的に決められるのですが、正義ややさしさ、思いやりといったものには適応していないのです。特に戦後生まれの人たちは、歴史が意図的にマスキングされてしまったため、昭和と平成だけの知恵で生きていると言っても過言ではありません。だから先人の知恵の情報が入らず、脆《もろ》くなってしまいました。

その結果、たしかに日本はＧＤＰではアジアの優等生となりましたが、「エコノミックアニマル」という恥ずべき名前までつけられました。日本的な心や精神を守ろうという意識そのものが低下してしまったように思います。日本的な心を失うということは、これまで培ってきた日本の豊かな文化、美意識をも失ってしまうということです。そうなれば、大陸の侵略の歴史のように、また一からやり直さなければいけないのです。

文化や歴史に支えられた日本の精神を失うこと。それは、世界の無形の遺産を失うことと同じです。本来の日本人らしさを取り戻すためにも、武士道精神を見直すことは、重要なポイントになるのです。

「武士道」と聞くと、「なんだ、古くさい」と思われるかもしれませんが、武士道精神は、広く一般にも普及し、「人の道」として日本人の普遍的な道徳観念になったのも事実です。現代の日本人が、そのことを意識する、しないにかかわらず、誰の心のなかにも、武士道精神はしっかりと残っているのです。

外国人から見た日本人

わたくしは、武士道精神が日本全土に行きわたっていた時代に日本に入ってきた外国人の手記を読むのが好きです。こんなすばらしい国に行って住みたいと思います。

彼らが、当時の日本人をどのような目で見つめていたか。この章の最後に、いくつかご紹介したいと思います。その言葉から、日本人同士では見えてこない、この国のポテンシャルの高さと厚みを感じるのではないでしょうか。

日本に初めてキリスト教を伝えたスペインの宣教師であり、イエズス会の創設者のひとりであるフランシスコ・ザビエルは、天文18年（１５４９年）に初めて日本に降り立ったとき、次のように感想を述べています。

「この国の人々は、今まで発見された国民の中で最高であり、日本人より優れた人々は異教徒の間には見つけられないでしょう。彼らは、親しみやすく、一般に善良で、悪意がありません。そして、何よりも名誉を重んじます。大部分の人は貧しいのですが、武士も、そうでない人も、貧しいことを不名誉と思っていません」

外国人宣教師、ルイス・フロイスは、イエズス会の宣教師として来日し、永禄5年（1562年）から慶長2年（1597年）、長崎の地で没するまでの30数年間に多くの書簡を書き送っていますが、そのなかで、日本の子どもたちに関して驚嘆の言葉を残しています。

「ヨーロッパの男性は、大人になっても口上（伝言）ひとつ伝えることはできないが、日本の子どもは10歳でそれを伝える判断と思慮があり、50歳にも見られる」

イタリアの宣教師、アレクサンドロ・ヴァリニャーノは、同じくイエズス会の東洋巡察使として、天正7年（1579年）から慶長3年（1598年）にかけて3回にわたって来日した人です。彼は、子どものケンカについて、こう語っています。

「子どもの間においてさえ、聞き苦しい言葉は口に出されないし、われらのもとに見られるように、平手やこぶしで殴り合って争うということもない。極めて儀礼的な言葉をもって話し合い、子どもとは思えない、大人のような重厚な理性と冷静さ、落ち着いた態度が保たれ、お互いに敬意を失うことがない。これは、ほとんど信じられないほど極端である」

この子どもの姿こそ、未来の平和の使者としての資質ではないでしょうか。

また、ヴァリニャーノは、大人たちについても語っています。

「彼らは、交際においてははなはだ周到であり、思慮深い。ヨーロッパ人に比べ、彼らは不平や不満、あるいは窮状を語っても、感情に走らない。人を訪ねたとき、相手に不快な言葉を言うべきではないと心に期しているので、決して自分の苦労や不幸、負担を口にしない。すなわち、彼らは、あらゆる苦しみに耐えることができる。また、逆境にあっても、大きな勇気を示すことを信条としているので、苦悩を与えても胸中にしまっておくことができる」

この大人の強さを現代に招き入れることは重要です。多くの自殺者を守る要因となると思います。このような教育を受けられた人々は幸せです。

明治23年（１８９０年）に来日し、日本女性と結婚、日本に帰化した文学者で作家のラフカディオ・ハーン（小泉八雲）は、こう述べています。

「今朝の印象がことのほか楽しいのは、人々の眼差しに、驚くほどのやさしさを感じるからかもしれない。誰もが好奇の目を向けてくるが、そこに不快さはまったくないし、ましてや、その視線に反感を感じることはない。たいていの人から、笑顔か、かすかな微笑みが返されてくる」

「ひまわり」で有名なオランダの画家、フィンセント・ファン・ゴッホは、来日こそ叶いませんでしたが、南フランスを日本に見立ててこう言っています。

「日本芸術を研究すると、明らかに賢者であり、哲学者であり、知者である人物に出会う。その人は、何をして時を過ごしているのだろうか。地球と月との距離を研究しているのか？　違う。ビスマルクの政策を研究しているのか？　いや、違う。その人は、ただ、1本の草の芽を研究しているのだ。（中略）まるで、自身が花であるかのように、自然のなかに生きる。こんなに簡素なこれらの日本人が我々に教えてくれるものこそまずは、真の宗教ではないだろうか」

ドイツの有名な建築家、桂離宮ブームを起こしたブルーノ・タウトは、昭和8年

（1933年）に来日し、こう語っています。

「日本の人たちは、助力を求められると全力を挙げて援助する。これは、単にそういう義務を感ずるとばかりは言えないことであって、日本国民の傑出した能力に数えられるのである。この種の助力には、非常に大きな喜びが認められるのである」

もうひとり、同じように日本人を評価している人がいます。名優、チャールズ・チャップリンです。運転手として採用した日本人、高野虎市の実直な仕事ぶりに感心し、彼をマネージャーにしたばかりか、家の使用人が一時すべて日本人で占められていたこともあったそうです。

「みながみな、親切で正直だ。何をやるにつけ信用ができる。それがため、自然に日本人が好きになり、日本が好きになった。こんな人たちをつくりだしている日本という国は、いったいどんな国だろう？　一度、日本に行ってみたいものだと思い始めていた」

そして、実際に来日し、日本と日本の天ぷらが大好きになったそうです。

駐日大使として日仏文化交流に貢献した詩人のポール・クローデルは、大東亜戦争の局面を見て、こう言ったそうです。

「日本人は貧しい。しかし、高貴だ。世界でただひとつ、どうしても生き残ってほしい民族を挙げるとしたら、それは、日本人だ」

このように来日した外国人たちが評価しているのは、上流階級の人々だけでなく、ごく平凡な一般庶民の態度であることが大変興味深いですね。

正直で、親切で、正義をもった徳は、日本人を光り輝く宝石ほどに高貴に見せていました。礼儀とは、人を思いやる心が外側へ表れたものでなければいけないということを、すべての日本人が知っていました。「そんなことをしたら笑われるぞ」「名を汚すなよ」「恥ずかしくないのか」「卑怯とは思わないのか」という問いかけは、過ちを犯した少年の行いを正す、もっとも有効な手立てでした。

このような国に生まれてきたことを、わたくしたちは、もっともっと誇りに思っていいのではないでしょうか。そして、わたくしたちが高貴な魂の持ち主であることをもっとも意識させてくれる「言葉」の力を、もう一度見つめ直す時期に来ているのではないでしょうか。

第2章

言葉がすべてをつかさどる

人には〝獣〟が存在する

わたくしたちは、神々の末裔です。

ＶＩＰとして扱われて当然の、高貴な魂の持ち主です。

しかし、魂の器である肉体は、獣から進化しています。今のわたくしたちは、どこからどう見ても人間ですが、魂の根源は神であり、肉体の根源は獣です。わたくしたちは、神の気高さを備えながら、まだ獣の部分を背負っているのです。

たとえば、ビジネスで成功して、お金持ちになっていく男性のなかに、面白いことを発見します。血気盛んな若者はポルシェ、ランボルギーニ、フェラーリ等、スポーツタイプの車がお気に入りのようで、中年になるにつけ、ベンツやＢＭＷ、ベントレー、レクサス等、至れば自転車という人もいるかもしれません。でも誰も軽自動車を選びません。これは、獲物を仕留めて雄叫びを上げる大昔の獣の文化の名残と言えるでしょう。

では、大きな獲物を仕留められる男には、どんな特徴があったかというと、他の人より、足が速かった。だから、いち早く俊敏に獲物に追いつき、獲物を捕まえることができたのです。大きな獲物を部族に分配できれば、みんなから尊敬もされますし、小さな獲物を捕まえてくる男より発言権も強かったはずです。

それは、現代で言う実力社会です。車はただの機能だけにあらず、ステータスでもあるのです。その上、女心まで捕まえられたら文句ありません。言うなれば収入の大きさは獲物の大きさなのです。

一方、女性の獣の部分は何かというと、今はどうかわかりませんが、当時の女は狩りの主力ではなく、男が捕ってきた獲物を分けてもらっていました。当然、分配権は男にあります。

当時、男から、それも強い男から選ばれるということは、実は大切なことでした。選ばれなければ子孫を残すこともできませんし、子どもを産んだ後も、男が食べ物を貢いでくれなければ生きていけません。つまり、男から選ばれることが飢餓にかかわる大事な要素だったのです。

しかし、面白くないのは小さな獲物しかもらえない女たちです。男好きする容姿をもっていないというだけで、おいしそうな食べ物がよその女の手に渡ってしまうのですから、たまったものではありません。それを横取りするわけにもいかず、歯ぎしりして見ているしかありませんでした。女性のみなさんはきれいで、男好きのする女性が来ると心がザワザワしたことはありませんか？　そのときこんな質問を自分にしてみてください。
①この女性は、何かわからないけれど、得をしていると思わない？
②この女性に、何かわからないけれど、大切なものを取られるような気がしない？
答えはYESではないでしょうか。

もちろん現代は、男性に頼らなくてもイキイキ輝いている女性がたくさんいます。それでも、女性同士は今もどこかお互いに警戒しているところがあるように見えます。

見た目の美しさというより、自分にはないセクシーさがあり、男性から見て魅力的だと思える女性がそばにいると、自分の大切なものが取られてしまうような感覚に陥ってしまう。あるいは、お金持ちの男性、権力をもった男性に愛されている女性を見ると、本能的に心がざわついてしまう。それも、獣の部分を背負っているからと言えるのです。

自分がいいと思うものを人に紹介したり、同性を引き立てたり、人と人との縁を結んだりするのは男性の方が上手だといわれますが、同じことを女性が積極的にしない背景には、理性や知性ではコントロールできない進化の過程があるようです。女性特有の猜疑心も根が深いものなのです。

人は３つのレベルに分けられる

人における神の存在、獣の存在とはどのような位置関係にあるか。
それを３つの丸で表すと、わかりやすいと思います。

図を見ていただくと、人間を中心にして、神と獣がいます。わたくしたちは人間の姿をしていますが、わたくしたちのなかには、神の部分が３分の１、人間の部分が３分の１、獣の部分が３分の１ずつあると思ってください。

そして、損得勘定抜きに、誰かのためによいことを思い、目の前にいる人を大切にし、魂が喜ぶことをすれば、神のレベルに行きます。しかし、自分中心に考えて人の悪口を言ったり、心でそれを思ったり、人の足を引っ張ったりすれば、獣のレベルに行く。人の心はいつも揺れ動いています。向かうべき理想の場所は神のレベルですが、ずっと神でもないし、ずっと獣でもない、1日24時間、行ったり来たりしているのがわたくしたち人間なのです。

3つの違いがもっともわかりやすいのは言葉です。

今の若い人たちは、時々女性も含めて「飯を喰う」と言いますが、それは獣のレベル。それに対して、「ご飯を食べる」と言うのは人間のレベル。「お食事をいただく」「召し上がる」と言うのが神のレベルです。

自分のことも、「オレ」「アタシ」と言ったら獣のレベル。「ボク」「ワタシ」なら人間のレベル。「ワタクシ」と言って初めて神のレベルです。いつも神のレベルでいたいと思ったら、「ワタクシ」という言葉を使うと、高貴な自分にアクセスしやすくなります。

たとえば、人間レベルの言葉で言う「僕、銀行に行ってきます」の主語を、獣レベルの言葉にするとどうでしょう。

「オレ、銀行に行ってくる」

では、神のレベルの言葉にすると、どうなりますか？

「ワタクシ、銀行に行ってまいります」

実際に、声に出してみるとわかりますが、「ワタクシ」と言った瞬間、丁寧な言葉が自動的に口をついて出てくると思います。普段「オレ」「アタシ」と言っている人でも、不思議と「ワタクシ、銀行に行ってくる」とはならないのです。

その理由は、1万年前から連綿と神の言葉を受け継いできた日本人のDNAが、あなたにもちゃんと引き継がれているからです。「ワタクシ」と言えば、尊敬語や謙譲語をマスターしていなくても勝手に美しい日本語になるというのは、DNAのなかにある「型」を引き出しているようなものです。そこに戻れば、誰でも高貴な自分が顔を出します。

また、神の言葉を使うと、人の表情は引き締まって見えるものです。ためしに鏡の前で「ワタクシ」と言ってみてください。気持ちにも折りがついたようにピシッとして、ちょっと背筋が伸びるような気がしませんか？

魂とアクセスする言葉を使っていると、人はぶれなくなります。さらにずっと使い続けていけば、24時間のうちの多くの時間を神のレベルで過ごすことができるようになるでしょう。見た目も、思いも、行動も、決めていくのはすべて言葉なのです。言葉が思いをつくり、思いが行動をつくり、行動が習慣をつくり、習慣が信念をつくり、信念が人生をつくるのです。

あるとき、セミナーでこの話をしたところ、セミナー終了後にわたくしに話しかけてきた女性がいました。

「実は、近所の人から、あたしが子どもを虐待していると通報されたんです。でも、どうやって躾《しつけ》をすればいいか、わからなくて……」

というのが、その方の質問でした。

よく話を聞いてみると、そのお母さんには他にもふたり子どもがいて、女手ひとつで子どもたちを育てているのですが、何度も男の人にだまされたせいで、いろいろなことに否定的になり、ちょっとしたことで子どもに当たったり、体罰を与えることもあったといいます。

そこで、こう申し上げました。

「子どもをどうこうしようとするのではなく、まずは、あなたの言葉遣いを変えてみませんか？　子どもに対して〝ワタクシ〟と言ってみるのです。そして、あいさつを徹底的に教えてください」

彼女は、「わかりました」と言って、帰っていきました。

それからしばらくたって、再びその女性がセミナーにやってきました。そして、こう報告してくれました。

「先生、聞いてください！　最初は、とっても恥ずかしかったのですが、先生のおっしゃる通りに、〝ワタクシ〟と言って子どもたちに話しかけるように、あいさつだけはきちんとさせるようにして、それだけを心がけていたら、子どもたちがすっかり変わったんです。

とにかくお行儀がよくなって、落ち着きが出て、まるで別人のようです。この間なんて、ベビーシッターさんがドタドタ靴を脱いで玄関から上がったのを見て、〝お履き物を揃えましょうね〟って言ったんです。学校の先生も、びっくりされていました。

子どもって、本当はきれいな言葉が好きなんですね。それまではいつも反抗的だったのに、わたくしが普段からきれいな言葉遣いをするようになったら、〃はい〃って素直に聞いてくれるんです。今は子育てが楽しくてしかたありません。虐待の疑いも晴れました」

そう言って、本当にうれしそうにしていました。実例はこれだけではありません。都内の某認定保育園の園長を含むスタッフ全員の言葉遣いを神レベルに変えるトレーニングをしたところ、子どもたちが落ち着いて、今までは「ただいまぁ〜」だったのに、教えていないのに「ただいま帰りました」と言うようになり、年長さんが下の子の面倒をみるようになりました、と報告を受けました。

言葉を変える。それだけで、自分をとりまく世界が変わったことを、その方々は実感してくださったのでしょうね。

98%を脱皮して、2%の人になる

アメリカの心理学者、アブラハム・マズローが唱えた自己実現理論を知っている方は多いでしょう。

これに先ほどの人間の3つのレベルを当てはめてみると、面白い共通点がありました。

ちなみに、人間の欲求の段階は下から順に、原始的欲求、自己保存欲求、社会的欲求、名誉欲求、自己実現と、段階のピラミッドのようになっていて、1段階目の欲求が満たされると、もう1段階上の欲求を目指すというものです。

1段階目の原始的欲求とは、水がほしい、食べ物がほしい、眠りたいといった、人間が生きる上で欠かせない根源的な欲求をさしています。2段階目の自己保存欲求は、危険な目に遭わないように行動し、自分を守りたいという自己保存的な欲求です。原

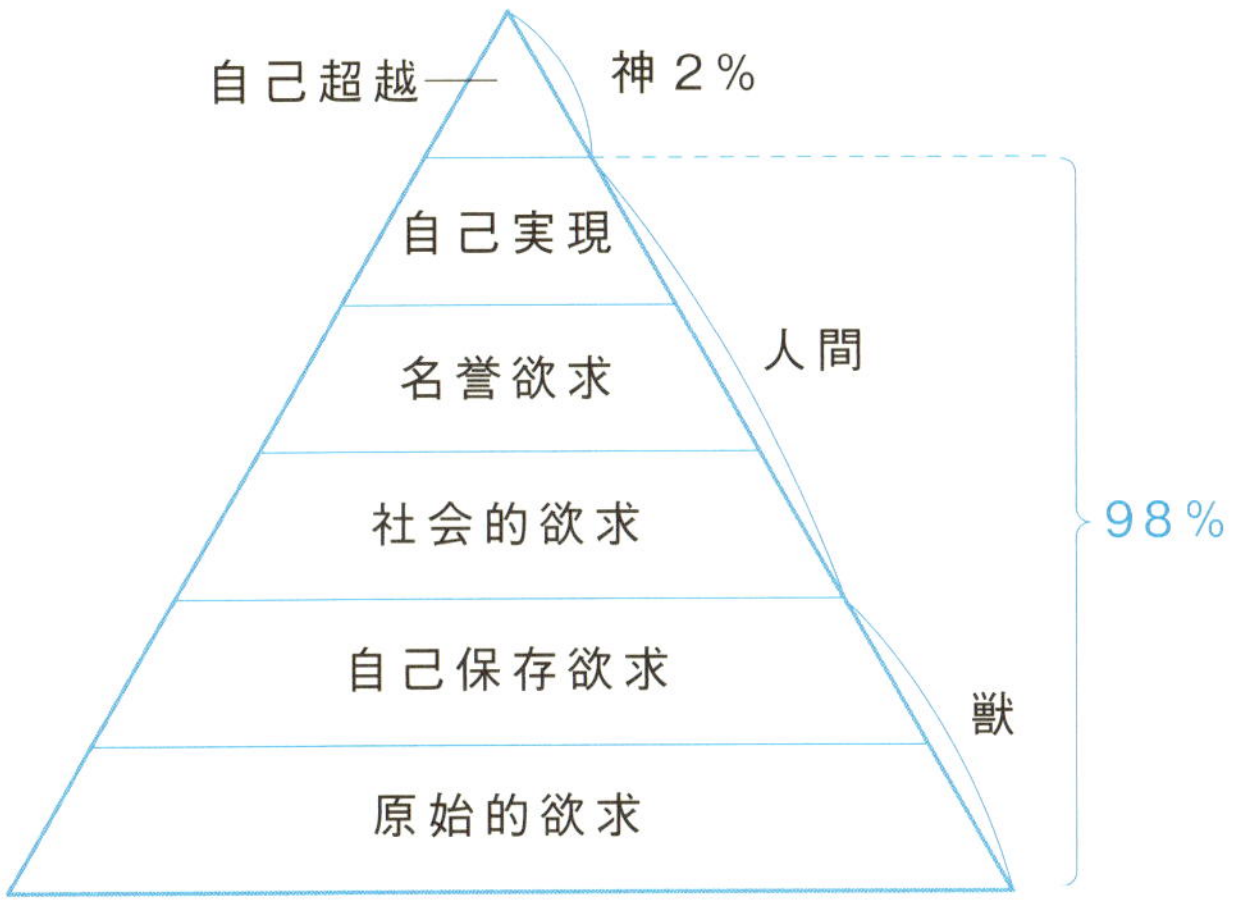

始的欲求と併わせて、こうした基本的な欲求が満たされないと、イライラしたり、不快感を覚えたり、病気になったりしてしまいます。

これは、人間の３つのレベルで言えば、両方とも獣のレベルと言えますね。

３段階目は社会的欲求です。これは帰属欲求ともいわれ、命の危険がない状態において、他人とかかわりたい、会社、家族など、ある特定のグループに帰属していたいと求めること。４段階目の名誉欲求とは、自分が属している集団から価値ある存在と認められ、賞賛され、尊敬されることを求める社会的承認欲求のことで、１～４段階目までは欠乏欲求といわれ、自分では抑えることのできない欲求とされています。

そして、5段階目に来るのが自己実現。自分の能力や可能性を発揮し、あるべき自分になりたいと思う欲求です。

さて、あなたはどのレベルに属していますか?

自分は自己実現のレベルにいる、と思う方もいらっしゃるでしょう。ところが、名誉や金銭を求めるというのではなく、たとえば何かに突き動かされて自分の道を極めようとする自己実現でさえ、神のレベルには到達しないのです。

では、神のレベルはどこにあるのでしょう?

自己実現を超えた先、ピラミッドの頂点に、実は第6段階として、マズローが晩年になって加えた「自己超越」があります。自己のエゴを超えて、まわりの人たちを幸せにしたいと望む。この自己超越が神のレベルです。

人間は、自分に何かが不足していると感じると、それを確保し、不足を補うことに必死になって、それ以外のことが考えられなくなる生き物です。それらが満たされて、初めて執着から解放され、自分のやりたいこと、成し遂げたい目標が現れます。

しかし、実際に自己実現を果たせる人は、そう多くありません。自己実現の「欲求」はもっても、数多くの人がそこに至る途中で階段を踏み外し、また低い段階に戻ってやり直しているうちに、人生が閉じてしまうからです。ましてや自己実現を果たし、さらに自己超越に達する人は、いったいどれくらいいるでしょう?

マズローは自己超越のレベルに達しているのは、人口の2%ほどだと言っています。人間の3つのレベルで言えば、2%が神のレベルに留まれる人、残りの98%はがんばっても人間レベルを超えられない人、ということになります。

ただし、あなたがもし魂にアクセスし、高貴な自分に目覚めることができたなら、98%から脱皮して、2%の人になることも十分可能です。

自分の夢を叶え、自己実現するのも幸せであり、喜びです。しかし、自分が人の役に立つこと、人を幸せにすることで、その人たちから喜ばれたら、「至上の幸せ」「至上の喜び」と言えるかもしれません。

その幸せ、喜びを一度味わってしまったら、もう後戻りすることはありません。いつでも誰かの役に立ちたくて、誰かを幸せにしたくてたまらなくなるはずです。

人間は揺れ動く存在

こんな話があります。

ある寒い冬の夜のことです。

ひとりの男が、バーの止まり木に座ってある男を待っていました。

外はみぞれ交じりの雨が降る、あいにくの天気。店内はお客様もまばらで、バーテンダーが振るシェーカーの氷の砕ける音だけが静かに響いていました。

男が冷えた体をブランデーで温めていると、やがてドアが勢いよく開いて、男がひとり入ってきました。

「やあ！　待たせてごめん」

そう爽やかに言うと、男の隣に腰掛けました。

待っていた男は、男が腰を下ろした途端、意味深長な笑みを浮かべて、こう聞きました。

「お前さあ、外で老婆に会わなかった？　老婆が、子どもが病気だから金をくれって、お前、言われなかったか？」

入ってきた男は、「え？」というように一瞬眉間を曇らせました。

「なんだ、お前、まさか金払ったのか？　あれうそだよ、詐欺だよ！」

すると、入ってきた男は、軽くほほえんだかと思うと、

「そう、あれうそだったんだ。ふ〜ん。うそでよかった。じゃあ、病気の子どもはこの世にいないんだね」

それを聞いた男は、入ってきた男の顔をはっとするようにじっと見ました。そして、やがてゆっくりブランデーに目を落とし、まるで独り言のようにこう言ったのです。

「お前ってさあ、本当にいい奴なんだな」

さて、このお話に出てくる老婆は獣レベルでした。そして「待っている男」は人間レベルでした。このレベルにいる人は、他人の言葉に影響を受けやすいものです。待っ

ていた男は、同じように老婆に声をかけられたのでしょう。ところが、老婆の嘘を見破った。でも、老婆の影響を受けて、入ってきた男に獣のレベルで鎌をかけました。

しかし、入ってきた男は、一瞬眉間を曇らせたもののすぐに、「病気の子どもがいなくてよかった」と言いましたね。

内心、男がだまされて悔しがると思っていたのに、神のように本心から喜んでいる姿に影響を受け、待っていた男は、今度は神のレベルから男を称えたのです。彼は老婆の影響を受けて最初獣レベルになりましたが、やがてすぐに入ってきた男の影響を受けて神レベルに変化したのです。

わたくしたちは、つねに3つのレベルを行ったり来たりしています。そして、出会う人や出来事によって、獣にもなれば、神にもなる。やじろべえのような生き物です。たとえば、「くそババァ！　産んでほしくて、産まれたんじゃねえや！」と母親に毒づいて飛び出した公園で、捨て犬に「よしよし、可愛い奴だ」とこづかいでコロッケをあげたりする。特に人間レベルは両側の影響を受けるので、迷います。自分の中心軸が定まらないのです。

神の側にいるとき人は迷いません。だから強いし、影響力があります。しかし、獣の側にいる人もまた、迷いがありません。エゴイストだから自分のことだけを考えているからです。人間レベルが一番迷うのです。まわりが神レベルの人ばかりならいいのですが、何が正しくて、何が正しくないのか見極める力が弱いために、とんでもないリーダーにくっついてしまうこともあるのです。

迷ったら、「ワタクシ」から始まる言葉で、自分を正してみるのもひとつの方法です。

神の言葉を日常的に使ったとき、わたくしたちは、自分のなかに太い軸をもつことができます。なぜならば神の言葉は、みずからの神の部分にアクセスするパスワードのようなものだからです。高貴なる神の英知を引き出すことが可能になるからです。

武士に二言はない

ところで、「武士に二言はない」とは、よく聞く言葉ですが、「二言」とは、前に言ったことと違うことを言うこと、つまり「嘘をつく」ことです。

発言した言葉に真実と誠意がなければ、そこに至るまでにどれほど礼儀を尽くしたとしても、底の見えすいた、下手な芝居にしか映りません。嘘をついたり、ごまかしたりすることは、もっとも卑怯な行いだという意味を込めて、「武士に二言はない」、あるいは、「武士の一言」といって、その言葉が真実であることを保証したのです。

また、それほどの重みをもった言葉であるだけに、武士が「二言はない」と言えば、普通、約束は証文（証拠となる文書）なしに決められ、言った通りに実行されたそうです。

反対に、証文を書くことは、武士の名誉、体面が汚されるとして徹底的に嫌いました。江戸の借用証文に「〇月〇日お返し申す。もしたがえた場合は笑うてくだされ」というものが残っているそうです。書く人も受ける人もそれでよしとする、すごい文化があったのですね。その代わり、ひとたび約束を破った場合は、死をもってつぐなった例も多かったといわれています。当時のお侍さんたちは、「自分の命」より「自分が言ったことに誠実であること」を重く見ていたのですね。

しかし、角度を変えれば、めったなことで軽々しく約束をしてはいけないということです。特に彼らは、自分への約束に対して非常に慎重でした。彼らの誓いは、八百万の神々に対して誓っているのと同じで、「言葉に真実をもたせる」ことができなければ、神に命を差し出すことをもいとわないほどの覚悟をもっていたのです。

もちろん、「嘘をつくこと＝生きている価値がない」とは、今のわたくしたちにとてもまねできるものではありません。しかし、「嘘をつくと、閻魔《えんま》様に舌を抜かれる」「嘘をつけば地獄へ行く」「嘘つきは泥棒のはじまり」という言葉があるように、「人の道」に外れたことをすればそれなりのペナルティが下されることは、間違いないように思います。

なぜなら、魂は清らかな存在であり、生まれながらに平気で嘘をつける人などこの世にはいないからです。嘘をつくと、良心の呵責を感じて胸が痛みます。どんなに小さな嘘でも、嘘をつけば正々堂々としていられません。そして、一度嘘をついたら、また嘘をつかなければいけない状況が現れます。そうなれば、嘘を嘘で覆い隠すことになる。それで心が痛まないわけはありません。その後ろめたさが自分を追い込み、やがて病気になってしまうこともあるのです。

にんべん「イ」に、「言」と書いて、「信」。自分で自分に嘘をついてはいけないのです。自分を粗末に扱えば、必ずよくない方向に引っ張られます。言葉には、それほどの力があるのです。

「嘘も方便」ということわざもありますが、それはよほどのことがあった場合です。たとえば、余命いくばくもない方を見舞って、やせ細った姿を見たとき、面と向かって、「残念ながら、もう長くはなさそうですね」などと口にする人は誰もいないでしょう。「思ったよりずっとお元気そうですね」「目にお力がありますね」と、相手の気持ちに負担をかけないような言葉を選ぶのではないでしょうか。

つまり、嘘とは自分を守るためではなく、人を守るための場合にかぎられるのです。その結果、その言葉があっという間に嘘だと見抜かれたとしても、その人は微笑んで、信じたふりをしてくれるのではないでしょうか。

嘘は身も心も魂も弱めます。嘘をつくと後ろめたくなります。この後ろめたさに、まがまがしき者がしのびよるのです。現在、嘘をついてしまう環境にある人は、嘘をつかなくてもすむ方向に軌道修正をしていきましょう。軌道修正する力が心の強さなのです。

介護の現場での話ですが、今まで善良だったおじいちゃんやおばあちゃんが急に口汚く人を罵ったり罵倒したりするので、家族はボケてしまったと悲しがります。善良な人は、「私さえ我慢すれば周囲は丸く収まる」と思ってこれまで自分の気持ちを収めてきました。でもたったひとり、自分自身だけは収められなかったのです。めちゃくちゃいい人を演じて、心のストッパーが緩んだときに、めちゃくちゃ悪い人を演じてプラスマイナスゼロにしてお旅立ちです。魂に嘘は通らない証拠です。

言葉に魂が引っ張られる

言葉がもつ力は、わたくしたちが思っている以上に強いものです。

アメリカの作家で、神学者のヒュー・ブラックが述べた言葉に、「人を泥棒と呼べば、彼は盗むであろう」というものがありますが、この短い格言には、人間に対する鋭い洞察力と、深い教訓が含まれているように思います。

これは文字通り、汚名を与えられた人は、その称号に近づくようにみずからの道徳を合わせ、行動してしまうという意味ですが、人間にはどうも、よくも悪くも言葉の要求に応えてしまう性質、クセがあるようです。

たとえば、「あなたは竹を割ったような性格だ」と言われれば、本当はすぐに悔やんだり、妬んだりするところがある人でも、思いきりのよい、さっぱりした自分であろうとするものですし、「あなたは意地悪な人だ」と言われれば、親切で思いやりのある人が、どういうわけかわざと人を困らせたり、人につらく当たったりしてしまうのです。

子どもの躾ならば、「えらいね」「すごいね」「がんばったね」とほめられて育った子は伸び、「お前は何をやってもダメだ」「もっとちゃんとしなさい」「バカ」と言われて育った子は伸び悩みます。

大人になってもそれは同じで、夫が妻に、「料理がおいしいね」「いつもきれいにしていてくれてありがとう」と感謝すれば、妻はもっともっとがんばろうと思いますし、妻が夫に、「いつもがんばって働いてくれてありがとう」「あなたが立派な仕事をしてくれてうれしい」と言えば、夫はますます立派な仕事をしようとはりきります。

その反対で、調子が悪かったり、嫌なことがあったりしたときに、「痛い」とか、「苦しい」とか口に出してしまうと、言葉の意味を必要以上にネガティブに増大させて、その痛みや苦しみがいつまでも続いてしまう。そんな経験があなたにもありませんか？　自分では気づかないかもしれませんが、人から聞いた言葉、自分の口から出た言葉に、わたくしたちの体と心はつねに反応しているのです。

言葉には神の力が宿っているといいます。それを熟知していた昔の人々は、口にすることをよしとしない縁起の悪い言葉を普段から封じていたようです。それでも言わなければいけないときは、忌み言葉といって、身内が「死ぬ」ことを「みまかる（体が現世から罷り去る）」「亡くなる」と言い換えて本来の意味を避けるなど、知恵を絞って工夫していました。

他にも、忌み言葉とされている言葉はいろいろあります。「九」が「苦しむ」に通じることから、特に病院などでは使用しないというのは、ご存知の方も多いかもしれませんが、たとえば、「醤油」のことを「むらさき」と言ったり、「塩」のことを「浪の花」と言ったり、「おしまい」を「お開き」と言い換えるのは、「し」が「死」に通じるからと言われています。

また、「スルメ」を「アタリメ」、「すり鉢」を「あたり鉢」と言ったりするのも同様で、「スル」「すり」が、「摩る（使い果たす）」という意味にあたるというので言い換えたことが語源になっているようです。「刺身」「切り身」を「お造り」と言い換えるのも、「刺す」「切る」という言葉を不吉なものとして、避けようとしたのが始まりと言われています。

昔の人が、「死」や「苦」といったものをそれだけ嫌うのには、やはり何か特別な意味があったのでしょう。わたくしたちを取り巻く現代のストレス環境下では機能しなくなってしまった、異次元を察知するような「センサー」が昔の人にはあって、不吉な言葉だけでなく、汚い言葉、ネガティブな言葉を使うと、言葉と同じように魂が汚れたように感じたり、後戻りができないと感じたり、何か黒くて強い力にもっていかれるような感覚に襲われるのだと、聞いたことがあります。みなさんのなかにも、怖い話を聞いたり、映画を見たりして、背筋がゾクッとした経験が一度や二度はあると思いますが、おそらくは、その感覚に近いのではないでしょうか。

また、自分だけが得をしようと人に嘘をついたり、だましたりすると、「魔が入る」「魔が射す」といって、一瞬、悪魔が入り込んだように、判断や行動を見誤ったりするものです。一見、耳によいほめ言葉で自分の思惑に沿わせることも、「ほめ殺し」といって魂を濁らせます。

そういうこともすべてわかった上で、昔の人々は、言葉を選び、言葉を慎み、別のエネルギーに振り回されることから魂を守ったのだと思います。言い換えれば、悪い言葉によって「魂が堕落する」ことを恐れ、言葉を厳しく律したのです。よく、「引き寄せの法則」と言いますが、よい運ばかりならいざ知らず、マイナスの言葉や欲深さを多用することで、よからぬ運を引き寄せてしまっては元も子もないのです。

先人たちは、そうしたまがまがしい、不吉なものを体感していたからこそ、魂を堕落させない生き方を真剣に模索していったのだと思います。

自分との対話を見直す

言葉というものを考えたとき、声に出す言葉だけでなく、内なる言葉、インナーコミュニケーション（自分との対話）も重要な役割を果たします。

人生がうまくいっている人の物の考え方と、うまくいっていない人の物の考え方は、インナーコミュニケーションで使う言葉の質にあると言ってもいいのです。このインナーコミュニケーションの言葉の質を変えていくと、外に向かうエネルギーが高まり、現実が目に見えて変わっていきます。

人は、嫌なこと、苦手なことを頼まれると、自分が思っている以上にエネルギーがダウンしてしまうものです。

たとえば自己紹介。人前でスピーチをするのは苦手という人は多いでしょう。顔は紳士のように平然としていても、心に葛藤が生まれます。

「じゃあ、○○さんから順に自己紹介してもらいましょう」

そう言われると、瞬時にインナーコミュニケーションが始まるのです。

「クソッ。これがあるから、こういう集まりに来るのは嫌なんだよ」

「まったくだよな。マジでやばい、どうしよう」

こんなやり取りがあったら、言葉が魂に影響を与えて、エネルギーがストーン！と下がる。

しかし、マイクの順番がもうすぐ自分にまわってくるとなったら、「しょうがない、どうせやるならカッコよくやろう」と、人間は思うものです。

エネルギーはいったん下がるけれど、「やる」と腹を決めると、ゼロレベルに戻ります。

仕事も同じです。嫌な仕事、苦手な仕事が来ると、こんな声が聞こえてきます。

「なんで俺なの？　他にやる奴いないのかよ」

「勘弁してくれよ。それって、俺の仕事の範囲を超えてるじゃん」

こんなふうに心のなかでおしゃべりが始まり、エネルギーがまた一気に下がります。でも、人間には「やるからには、うまくやりたい」という根源的な思いがあるので、気持ちを立て直すことができるのです。なぜなら、うまくやれるとまわりに自分の存在価値を認めてもらえるからです。だからこそ、うまくやりたいと思うわけです。

ところが、そういう段階を経てがんばってもエネルギーが思ったほど伸びない。期待通りの成果は出せないのです。

では、成果を出している人は、どんなインナーコミュニケーションを行っているのでしょうか。

実は、成果を出している人も、内心では「嫌だな」「苦手だな」と思っています。だから、エネルギーは一瞬落ちる。でも、急カーブで上げてくるのです。

たとえば、こんなふうに。

①「いや、参ったな。スピーチか。苦手なんだよね」

②「そうだよね、でも、やらなきゃいけないことは事実だし、それに対して、いいとか嫌だとか、意味をつけても仕方がないよ。大丈夫、きみならやれるって」

③「うん、そうだよね。だったらがんばってみるよ。どうせやるなら、カッコよくやらなきゃね」

最初のひと言でマイナスになっても、ふた言目でゼロに戻し、3言目でプラスまでもってくる。そうすると、実際にスピーチしたとき、先ほどのはるか上の成果が出せるのです。最初の段階でネガティブな感情がよぎっても、自分の気持ちをクイッと持ち上げるようなポジティブな言葉をもっていると、エネルギー効率がものすごくよくなるのですね。ピンチが一転、チャンスにもなる。

成果が出ない人との違いはそこです。

自分はダメだ、できないと思うと、エネルギーは下がります。下がってもいいのですが、持ち上げるためには、実は水面下で膨大なエネルギーを使うのです。成果が出ない人は、ネガティブな言葉を自分にどんどんぶつけて、エネルギーをさらに低下させてしまうために、ゼロレベルに戻すのにかなりのエネルギーを消耗してしまいます。それで、「やろう」と思ってどんなにがんばっても、ヘトヘトの状態ではどうしてもエネルギー効率が悪くなってしまうのです。

そんなとき、「可能性は100％ある」って自分に言ってあげたらどうでしょう。ダメだ、できないと言うのと、可能性は100％と言うのと、意味は同じですが、ポジティブな自分にしてくれて、一歩前に進めます。

わたくしは「自分をなだめる。あやす」と言っていますが、自分の感情のご機嫌をとってあげるような言葉をたくさんもっていると、無駄なエネルギーを使わずに成果を出すことができます。

言葉には、そういう力もあるのです。

お金は自尊心を守るためのもの

今の日本の社会は過渡期にあります。

獲物を取り合う獣社会からスタートして、一度は神々と言葉を交わすまでの存在になり、戦後社会で西洋からたたき込まれた「どちらが得か」というような合理主義や拝金主義によって、再び強いものが勝つ獣の社会に戻った状態から、少しずつですが、人と人とのつながりを大切にしたいと願う人、本当の豊かさとは何かを考える人が増えてきたように思います。

社会にも賞味期限というものがあって、そろそろ戦後社会の賞味期限が切れてきたのかもしれません。戦後教育によって、日本人を獣にしようとぜんまいを巻かれたものが、時間とともにゆるんできて、物質主義的な価値観が薄れてくるとともに、資本主義経済に陰りが出てきた今、そのような考え方では日本を救えないということに、多くの人が気づき始めたのでしょう。もともとバックボーンにあった日本古来の道徳観念が再び浮かび上がってきたような気がします。

それは、打算や損得を離れた責任感の強さや思いやり、良心にのっとった人としての正しい行い、不正や卑怯な振る舞いを許さない正義感といったものです。

しかし、そう言ってしまうと、魂の成長と金銭的な欲求は両立できないのではないか？ と思われるかもしれません。でも、実際はそうではありません。

ＶＩＰになればなるほど、お金とは無縁ではいられないのです。

ＶＩＰにとってお金が必要なとき。それは、自尊心を守るときです。

たとえば、わが子が病気になり、なんとしても最高の医療を受けさせたいと思ったとき、愛する家族のためにわが家を建てたいと思ったとき。あるいは、両親が年をとって働けなくなり、面倒を見てほしいと言われたときに、それだけの財力がなかったら、不甲斐なく、みじめな思いをするのは自分です。

自尊心が守れないことほど、自分自身が劣等感にさいなまれることはありません。

自分という存在は、人を幸せにすることが魂の喜びであり、成長であるはずなのに、何もできず、苦しむ人をただ見ているしかない自分への怒り。もしあなたが、わが子を、両親を、助けてあげられなかったとしたら、悔しくて、悔しくて、どうしようもないはずです。

反対に、お金があれば（お金を工面できる環境があれば）、大手を振って大切な人たちの願いを叶えてあげることができます。そして、お金に縛られない、お金に制約されない自由な生き方をすることができます。

つまり、ある程度の財力をもっていることで、自尊心が守られるのです。

幸福の四面体

では、どうすれば、自尊心を守るための富を得ることができるのでしょう。

まず、幸せには４つの条件があります。

あなたの目の前に、突然、アラジンの魔法のランプが現れて、「ご主人様、あなた

の願いを4つ叶えて差し上げましょう」と言われたら、何をお願いしますか？

まずは、富・財でしょう。自尊心を守るためには絶対に欠かせないものです。

次に、健康。お金があっても、健康がなければ幸せのためのあらゆる活動はできません。

さらには、愛情。お金も、健康もあっても、愛情がなければ寂しくてしかたありません。

4つ目は、自己プロデュース力、自己表現力です。実はここが、富を得るための一番のキーワードなのです。そして、自己表現の基本になるのが、人への対応の仕方。

ＶＩＰがＶＩＰをおもてなしするように対応すれば、自然と自己表現力がアップするのです。

お客様がもっとも心地よいと感じるパーフェクト・サービス。言葉にしても、態度にしても、ＶＩＰ対応ができれば、職に困ることはありません。

たとえばコンビニで、お客様に「〇〇ラーメンのみそ味はありませんか？」と尋ねられたとき、普通の店員なら、「棚にあるだけなんです」で、終わってしまうかもしれません。ところが、ＶＩＰ対応ができる店員なら、「お客様、少しお待ちくださいませ。裏を見てまいります」と言って、バックヤードに走っていき、お客様の希望に応えようとするでしょう。それで、やはりその品物がなくて、「〇〇ラーメンのしょうゆ味ならございますが、どうなさいますか？」と言われたとしたら、たとえ買わなくてもサービスに満足するでしょう。

コンビニはここだけではないのですから、聞いて「ない」と言われたら、固執することなどないのです。でも、パーフェクト・サービスを受けたら、次からも真っ先に立ち寄るのは「この店」になるでしょう。

もしコンビニのオーナーが、ふたりの店員の様子を見ていて、人件費削減のためどちらかに辞めていただくことになったとしたら、迷いはないはずです。つまりＶＩＰ対応のできる人は、生き残れる可能性が極めて高いということです。

しかし日本人は、自己表現力において、アピールが下手、個性が乏しいと世界から言われているのもまた事実です。戦後教育によって、公より個が大事、自己主張しなければ世界を渡ってはいけないと刷り込まれたはずなのに、見られる自分をどう意識して振る舞ったらいいのか、はっきりとした立ち位置が見えない、自分がどうバランスをとっていいのかわからない、と悩みを抱える人がとても増えているのです。

たとえば、映画の世界で考えてみると、外国映画はその国の文化を知るツールのひとつであり、映画を通して、その国のイメージが決まってしまうという側面がありま す。事実はどうあれ、海外で上映される映画がマフィアや暴力を扱ったものばかりであれば、暴力がはびこる国というイメージがどんどん固定化していってしまうものです。

日本映画でも、風景ひとつとっても、歓楽街やラブホテルのような猥雑な景色ばかりや卑しい心根の人間ばかりが映っていたとしたら、話の内容はともかく、「日本とはなんと汚い国か」という特定のイメージをもつ外国人が増えるでしょう。これがアメリカであれば、映画では汚い町を映してはいけないというような規制がありますし、国によって、映画の細部まで専門の機関がチェックする国もあれば、完全自由制作の国もあるというなかで、「自分の国がどう見られるか」というパブリックを意識している国が、やはり国際レベルで言えばイメージが上がっているような気がします。韓国は映画も国策としてとらえています。優秀な人をハリウッドに国費留学させています。韓流ブームが巻き起こり、確実に国のイメージを上げました。芸術は個人に任されていますが、両刃の剣のように影響力があります。優れた作品を生みだすことは、好意をもつ友人をつくることと同じに大切なことなのです。

人間も、考え方としてはそれと同じです。現在のグローバル社会では、パブリックを意識して行動できるかどうか、というところで、自己表現力が優れている、劣っている、ということが測られるのではないでしょうか。

ブロードウェイを行進した武士たち

日本のアピール下手は戦後のことです。昔の日本人のアピール力がどれほどすごかったか、という例をひとつご紹介したいと思います。

時は万延元年（1860年）、明治政府が誕生する8年前の春のことです。江戸幕府が日米修好通商条約の批准《ひじゅん》のため、初めて外国に派遣した「遣米使節団」の一行十数人が、はるばる太平洋を渡ってニューヨークのブロードウェイを行進していました。

ブロードウェイは、「東方の神秘なる国から来た日本人」を一目見ようとする市民たちで黒山の人だかりだったそうです。

彼らは、ニューヨーク市が用意してくれた屋根のない四輪馬車に乗り、ちょんまげを結い、正装である紋付き袴をつけ、腰に日本刀を下げて、紙ふぶきが舞うなかを粛々と行進しました。

その黒山の人だかりにいたひとり、詩人のウォルト・ホイットマンは、このときの様子を詩にまとめています。

西方の海を越えて此の方へ日本から渡来した、
謙虚にして色浅黒く、両刀を差した使節たちは、
無帽にして臆せず、無蓋の四輪馬車に反り返り、
今日、マンハッタンを練っていく。

往古の民族がやって来た。
元気旺盛にして忍耐強く、熟慮断行の、
芳香ふくいくとして広やかに流れる衣装の、
日に焦げた容貌の、
不屈の魂の、炯々たる眼光の民族がやって来た。

ホイットマンは、初めて見る日本人の侍姿に、他の外国人とは比べようのない「存在感」「ＶＩＰの気品」のようなものを感じたのでしょう。その印象を、「長い歴史をもった民族として、静かであるが堂々として、どんな困難にぶつかっても意志を貫くような、鋭く光る目をもっていた」と、驚きと賞賛をもって述べています。また「侍たちは、香を焚きしめていて、そばを通るといい香りが漂っていた」とも書いています。

この印象は、多くのアメリカ人が共有したものではなかったでしょうか。なぜなら、極東の未開の国としか思っていなかった日本人が、これほどまでに威厳に満ち、礼儀正しく、気品ある姿で行進するとは想像もしていなかったと思われるからです。

精神は、その人の目つき、顔つき、行動に表れるといわれますが、アメリカ人は、異国の地で大観衆に包まれてもまったく動じない日本人の態度に、度肝を抜かれたようです。

しかし、このエピソードは、戦後世代のわたくしたちから見ても、驚嘆に値するとは思いませんか？　友好的で親切だが、内気で、態度があいまいで、自分たちの小さな箱から外に出ようとしない。さらに、経済も落ち込み、国としての自信を失ってしまっている……。外国人からそんなふうに見られている現在の日本人が、ふたたびブロードウェイを行進したとしても、このような賛辞を得ることは残念ながらないでしょう。

昔の日本人と今の日本人とでは、何が変わってしまったのでしょう。

昔の日本人、ことに武士は、毎朝行水をして身を清め、髪を整え、衣装に香を焚き、爪まで磨いで身なりを整えたといいます。これは、一見、現代のおしゃれを気にする若者の朝の支度のようですが、そうではありません。主君のために命を賭して仕える侍たちは、今日、何かが起こって討ち死にしてしまうかもしれないと、つねに必死の覚悟を決めていたからです。討ち死にしたとき、身なりが見苦しければ、日ごろの覚悟もあやしまれてしまいます。だからこそ、老いも若きも身だしなみに気を使ったのです。

つまり、パブリックに生きるということをつねに意識していたということです。また、普段から必死の覚悟でいればこそ、どこへ行っても堂々としていられる。人前で恥ずかしい振る舞いなどするはずもありません。そこが、現代のわたくしたちとの大きな違いでしょう。

もちろん、これはみなさんの責任ではありません。戦後教育によって、公から個へと変換させられてしまった副作用です。でも日ごろから、自分中心で物事を考え、プライベートで生きることに慣れてしまうと、いざというとき気持ちがぶれて、どうしてもプレッシャーに負けてしまう。往生際が悪くなってしまうのです。

これは、国際スポーツの場でも見られることです。最近は、日ごろから「世界の舞台」を意識して、ここぞというときに活躍できる日本人の若者も増えてきましたが、他の国に比べてプレッシャーに弱い、ピンチのときに力を発揮できないシーンを多く目にしたのも事実です。

今、日本人は確実に変わろうとしています。公から個へ、そして、ふたたび公へ。遣米使節団のような毅然とした態度を遠い昔のおとぎ話にしてしまわないためにも、その表現力を過去から学ぶことが、何かヒントにつながるのではないでしょうか。

「型」で心を伝える

では、過去の日本は、どのようにして自分たちの思いを伝え合っていたのでしょうか。

わたくしたちの文化の中には、茶道、華道といった「道」の文化があります。そのような文化は、西洋社会の流れをくんだ学校教育のように、知識から入るスタイルとは違い、人のやり方を見て、その「型」から学ぶスタイルです。

また、日本には、五・七・五でつくられる俳句、五・七・五・七・七の五句体でつくられる短歌という、世界でもっとも短い定型詩がありますが、論理的な文章にするのではなく、わずかな言葉のなかにさまざまな情報をのせて伝える文化があります。これも「型」のひとつです。

あるいは日本の宗教、「神道」もそうです。神道には教義というものがありません。

神々に対する心構えを成文化するのではなく、祈りという「型」を大事にし、心のあり方を「型」によって受け継いできました。

その他に、意思を伝えるサインとしても「型」を使ってきました。

たとえば、昔の呉服屋さんなどに見られる「のれん」。店にはバックヤードに行くための扉がありませんでした。そこで表（店）と裏（奥）を長のれんで仕切り、「ここから先はプライベートですから、お客様はご遠慮ください」と、布切れ1枚で知らせていました。

また、これは現在でも使われていますが、お寺の庭や、お茶室の庭にある庭石（飛び石）の上に、縄を十字に結んだ小さな「関守石《せきもりいし》」が置かれていたら、「ここから先はご遠慮ください」というサインです。反対に、「関守石」の置いていない飛び石を進めば、迷わず目的の所に着けるというわけで、わざわざ「立ち入り厳禁」などという貼り紙をしなくても、小さな石ころひとつに重要な意味をもたせるとは、なんとも情緒のある意思表示だと思いませんか？

そうした「型」を通して心を伝える文化が、わたくしたちの根底には流れているのです。これを携帯電話のメールでたとえてみると、文字で気持ちを伝えるのが西洋のやり方だとしたら、1枚の写真を送ることによって気持ちを伝えるのが日本のやり方だ、と言えばおわかりになるでしょうか。実は、この「型」の文化が根づいているために、日本には、多くを語らなくても心が通じ合う「以心伝心」というコミュニケーションが発達したのです。

言葉のコミュニケーションによって人と人との関係を築くのではなく、言葉を超えた感覚で察し合うとは、まるでテレパシーのようですが、日本の四季折々の豊かな自然、平和な島のなかで美意識を極めた文化といったものが、すばらしい「直感」を育て、そのことを可能にしたのです。

ちなみに、文化住宅というものができる前までの日本は、「察する」という感性を住居の中でも育ててきました。

今では、和室がある住宅も少なくなりましたが、昔の日本家屋といえば、扉に当たるものは、格子に組んだ木の枠に白い紙を張った「障子」や唐紙を張った「ふすま」でした。つまり「紙」ですから、視界はさえぎっても音はさえぎりません。そこで、音の様子からなかの気配を察し、今、室内でどのようなことが行われているか、入ってもよいタイミングかどうかを扉の外からうかがい、大丈夫だと判断した上で、「開けてもよろしいですか」と尋ねたのです。

一方、部屋のなかにいる人も、外にいる人の気配を感じ、入ってよければ「お入り」と声をかけたり、入ってほしくないタイミングであれば軽い咳払いや、着替え中であったら衣ずれの音を響かせて相手に知らせたりしました。紙1枚をはさみ、言葉を交わさずとも「あうんの呼吸」で心のやりとりが行われていたのです。

それが、文化住宅の導入以降、ドアとノックによる拒絶の世界に入っていったことにより、「察し合う」コミュニケーションではなく、「気持ちをはっきりと言葉にし合う」コミュニケーションに転換せざるをえなくなったとも言えます。

裏を返せば、石の文化を築いてきた西洋は、わたくしたちよりはるかに言葉による表現力が優れていて当たり前なのかもしれません。なぜなら、日本では、つい何十年か前まで、誰かの家を訪ねる場合でも、玄関ではなく縁側から「こんにちは」と入っていくのが普通だったのですから！　住居の形ひとつとっても、拒絶しない家から拒絶する家へと様変わりしてしまった現代の生活環境で高度なテレパシーによる察する文化が壊されてから、言葉によるコミュニケーションの確立がなされていないのが現状なのです。ですから、高齢者と若者のジェネレーションギャップはどこの国より深刻です。あなたの世代がコミュニケーションのシステムをつくりあげる番です。

日本人らしさを生かしながら自己表現する

世間では、コミュニケーション能力を上げることが今のわたくしたちの使命のように叫ばれていますが、それを西洋式で一生懸命学ぼうとしてもうまくいかないのは、もともと日本人がもっているコミュニケーション方法とは対極にあるものだからでしょう。

以心伝心や、「型」で心を伝えるコミュニケーションがＤＮＡに強く残っているために、気持ちはあっても言葉がすらすら出てこないのです。ではコミュニケーション能力が劣っているのかというと、そうではありません。これから、日本独自の自己表現方法を育てていけばいいだけの話です。

言葉で表現する文化が主流になっているという事実はきちんと受け止め、相手に誤解されないように言葉の表現を磨いていく必要があるのはたしかです。だからといって、相手の気持ちを察する感性という持ち味を消す必要はないのです。

まずは、自分たちがどのような文化をもった民族であるかを知ること。これが大事です。

たとえば、「NOと言えない日本人」と言われて、それが日本の国民性のように思われていますが、あなたは、「日本人は人がいいから、本当は嫌だと思っても、NOと言えずについつい許してしまうんだろう」と思っていませんか？　間違いではありませんが、実際は少し違います。

YESかNOか、好きか嫌いか、白か黒かはっきりさせるより、「礼」を重んじたのが日本人です。「礼義を重んじよ」というのは、日本人の徳目のなかでも非常に重要な位置を占めていますが、「礼義」の本質は、形の美しさのみならず、人への思いやり、やさしさを出発点とした心です。つまり、相手を受け入れること。相手の感情に寄り添い、喜んでいる相手と一緒になって喜び、悲しんでいる相手と一緒になって悲しむことが、「礼」のあるべき本当の姿なのです。

このことは、有名な江戸しぐさにも見ることができます。

たとえば、自分の足が踏まれても、「すみません、こちらがうかつでした」と自分から謝ることで、その場の雰囲気を保つことをよしとした『うかつあやまり』や、年長者からの言葉にしたがい、「しかし」「でも」と逆らわないことが人間の成長につながるとした『逆らいしぐさ』も、日本人の思う「礼義」のひとつでしょう。

また、訪問先に手土産をもっていったとき、「つまらないものですが」と悪く言うのも、相手の価値を物で測っては失礼に当たってしまうという意味が込められているのです。たしかに相手によって贈り物の価格が変わることを江戸の人はよくわかっていたからこその言葉なのでしょう。

外国人から見れば、どれも理解しがたい行為かもしれませんが、それがやさしさや思いやりから発展したものだということが、日本人ならわかるはずです。

「NO」とはっきり相手を拒絶することを避けたのです。拒絶は、相手を傷つけます。どうしても断りたい場合でも、「けっこうです」というように穏やかな言い回しにして、角が立たないように表現したのです。言葉をぼかすのも思いやりの手段のひとつだったのですね。

その昔の旅人は十畳くらいの衝立てもない部屋で、他人同士が喧嘩ひとつしないで過ごしました。現代でも東日本大震災のときの被災者の節度ある立派な姿は、海外メディアから感動と共に伝えられていました。そうした日本の心を知った上で、美しい日本語を使いながら相手とコミュニケーションしていくことができたなら、あなたは確実に今より評価され、認められる人になれるでしょう。海外の友人たちにあなたの文化の本質を伝えてください。わたくしはこのことでどれほど尊敬されたか計りしれません。

わたくしたちのNEWコミュニケーション文化は始まったばかりです。日本の美しい伝統、よい習慣、良心、やさしさを丸ごともって、新しい時代の扉を開けませんか？

第3章

自分を変える
スイッチを入れる！
魂を磨く10カ条

その1　美しい日本語を話す

ここまで、日本の文化、日本の言葉、日本人の心ということについて、お話ししてきましたが、いかがでしたか？

わたくしたちは、魂を成長させるために生まれてきた存在ですが、上っ面ではなく、育った国のことを知り、自分なりに納得しなければ、本心から人の役に立つことはできませんね。ましてや自己実現を達成するまでに至りません。

この章では、そのことをベースにしながら、さらに魂をＶＩＰに近づけるために実践していただきたい10の項目を挙げていきます。

まず、第1に挙げたいのは、やはり言葉です。

美しい日本語を話すことが、魂にアクセスするもっともシンプルで確実な方法だということは、これ以上述べるつもりはありませんが、重要なのは、活用すること。「実践」です。美しい日本語を話すことがいいことだと知っていても、やらなければ知らないのと同じ。実践とは、実際に自分で行うことです。

ところが、講演会に参加されたある人が、こんなことを言ってきました。

「これまでずっと、意識して美しい日本語を話そうと心がけてきましたが、それをやめることにしました」

この方は、中学校の教師なのですが、他の先生から、「あなたの言葉遣いはよすぎる、生徒になめられるからやめた方がいい」と言われたのだそうです。

言葉とは国の文化の厚みを示すものです。よい言葉を失えば、よい文化も失います。悪い言葉を使えば、悪い文化がはびこります。

また、文化は国の健康状態を表すものです。文化の健康状態がよければ、傾奇（かぶく＝歌舞伎の語源）といって、その文化に似合わない勝手な振る舞いをしたり、女装をしたり、奇抜な身なりをしたりする人が現れても、それを自然と排除する社会の動きが出てきます。それどころか、歌舞伎のように、異端なものを立派な日本の伝統芸能に押し上げることもあります。ところが、文化の健康状態が悪ければ、傾奇者に堂々と道の真ん中を歩かせることになるのです。それをきわものといいます。子どもの目に触れさせたくない近親相姦やレイプシーン等も含まれます。きわものの作品が主流になるのです。文化は後退することもあるのです。多くの大人たちの意思決定を左右するのが言葉です。

それで、わたくしは、こう申し上げました。

「あなたがよい言葉を使うのをやめることで、一時的に他の先生との和は保たれるかもしれませんね。でも、教育の現場で、教師が悪い言葉を使うということは、結果的に教育の文化レベルを落とすということです。そして多くの若者の魂を堕落させてしまうことです。それが、あなたの中学だけでなく、社会にどれほどの悪影響を与えることになるか、よく考えてみてください。それがわかったら、教師としてゆずれないと思いますよ」

このことは、家庭内でも、組織や企業など大人の社会でも言えることです。

しかし、よき言葉を使うには、それなりの強い意志が必要です。実はわたくしの身の上にも同じことが起こりました。「ワタクシ」と言うと、「お高くとまっている」とクラスの仲間からいじめを受け、泣いて帰ったこともありました。

しかし、わたくしにとって幸運だったのは、ことあるごとに「武士道精神」を叩き込んでくれた父がいたことでした。わたくしが、仲間外れにされたくないばかりに「みんなが使っているような親しみやすい言葉を使いたい」と言うと、「愚か者を手本にするな！　よきことをやっているのはどっちだ！」と一喝されました。

次に子どもを諭すような声音で、

「いいかよく考えてごらん。親しみが感じられないというならば、よき言葉を使って、親しさを創造していくことに人類の進歩がある。お前を泣かせた子は、悪い言葉による弊害がどれほど恐ろしいことか知らないのだよ。お前がよいと思ったならば、百万人行けども、我行かず！　よき方向に向かうことだよ。易きに流されてはいけない。そして、友を選ぶなら、自分よりもっと優秀な友を選べ。見当たらなければ、自分と同じようなレベルを選べ。それでも見当たらなければ、ひとりでいる心の強さを身につけよ」

するとわたくしの魂が「そうだ」とうなずくのです。ぶれても正しい位置に戻してくれる父のおかげで、どんなにいじめられても強い意志をもち続けることができたのです。「よきことをやっているのはどっち？」という言葉が鳴り響きます。

でも、悪いことばかりではありませんでした。いじめっこグループのなかから、ひとり、ふたりと、「さっきはごめんね」と、謝りに来る子が出てきたのです。なかには、「本当はせっちゃんのこと、大好き」と言って、走り去っていく子もいました。

何年か後にクラス会で集まったとき、いじめのリーダー格の女性から「実は、あなたのことを尊敬していた」と言われて、うれしかったですね。本当は、みんなわかってくれていたのだと思います。苦しくても、正しいことをしていれば、必ず報われると知ったのもこの経験があったからです。

言葉もそれと同じです。美しい言葉は、慣れないうちは恥ずかしいかもしれませんが、やってみると、目の前にいろいろな現象が起こり始めます。

一番変わるのは、人間関係、夫婦関係です。無用なトラブルが激減します。それはなぜかというと、ほとんどの感情は、言葉によって動かされるからです。今、98％の人が人間レベルとするならば、心はすごく揺れ動いているはずです。ちょっとしたことで腹を立てたり、機嫌を損ねたり、小さなこぜりあいがあちらこちらで山ほど起きています。

ところが、「ワタクシ」と言ったら、相手の感情を逆なでするような言葉は一切出てきません。出てくる言葉はＶＩＰ対応ですから、そもそもケンカになりません。それに、自分がＶＩＰ対応で接すると、相手もＶＩＰ対応で返してくれるのです。それで、お互いに気持ちがよくなって、人間関係も夫婦関係もよくなる一方です。それがわかると、反対に、もうやめられなくなるのです。使ったレベルの言葉が相手のレベルを変えることのダイナミックな変化を、ぜひ体験してください。自分自身の高貴なる神の部分を目指すことが、本当の一流を目指すということです。目指さなければ、二流で終わる人生です。

その2

「徳」を積むことは、幸せの種まき

わたくしたち人間は、魂を成長させるためにこの世に生まれてきました。魂の成長とは、「人の役に立つ」こと。言い換えれば、それが「徳」です。

つまり、「徳」というのは、魂にとって幸せの種まきのようなものです。

よく「あの人は徳がある」といいますが、その人が特別に思えるのは、幸せの種をたくさんまいているからでしょう。やがて成長すれば、幸せの花が咲きます。魂は、幸せの種をまき、花を育て、それをまた人々に配ることが、楽しくてうれしくてしかたないのです。その花でお金をもらおうとか、賞賛を浴びようとか、これっぽっちも考えていません。ただ喜んでもらえれば満足なのです。そういう楽しそうな人を見て、素敵だと思わない人はいないでしょう。そして、そういう人から花を受け取りたくなる。だから、その人のまわりにまた人が集まるのです。

だからといって、すごいことをしようとは思わないでくださいね。あなたにできることから始めればいいのです。仏教のなかに無財の七施というお金がなくてもやれると徳の実践があります。

1　眼施《がんせ》（やさしいまなざし）
2　和顔施《わがんせ》（なごやかな、穏やかな顔つき）
3　愛語施《あいごせ》（思いやりのある言葉）
4　身施《しんせ》（身体で奉仕する。ボランティアや掃除など）
5　心施《しんせ》（他人のための心配り、祈り）
6　牀座施《しょうざせ》（席を譲ってあげる）
7　房舎施《ぼうしゃせ》（雨やどりや泊めてあげる）

大切なことは、人に知られなくても、誰からも感謝されなくてもかまわない、「無私」で行うことです。見返りを期待せず、自分ではない誰かのことを思うこと。それを、ただ「うれしい」「楽しい」という気持ちでやるのがいいようです。

そのような人は、自分から目立とうとしなくても、自然と人に慕われるようになります。「徳のある人」とは、そういう人です。リーダー気質でぐいぐい人を引っ張っていくようなタイプや、太陽のような明るさをもっているようなタイプでなくても、自分から前に出てこない人、どちらかというと物静かなタイプの人でも「徳のある人」になれるのです。

それに、「徳」をもった人で、「あの人が貧乏で困っているらしい」という話はあまり聞いたことがありません。「徳」を積み続けた人を、まわりが放っておかないからです。たとえピンチになっても、必ず助けてくれる人が現れます。

その逆で、いつも愚痴や悪口、不平不満、泣き言ばかり言っていると、人が遠ざかっていきます。わたくしたちは、孤独になるためにこの世に生まれたわけではありません。「人を思うことで、自分も幸せになる」ために、もっと多くの時間を使ってみてはいかがでしょうか?

その3 自分に嘘をつかない

嘘は心の弱さを生むものです。

魂は清らかな存在であり、どんなに小さい嘘でも、嘘をつけば心が痛み、その後ろめたさが自分を追い込み、そのせいで自信を失っていきます。

事実や真実から遠ざかると、運気も離れていきます。それで余計に心がしぼみ、失敗を恐れてやる気をなくすと、わずかに残っていた運気もなくなります。その運は、前向きで明るい人のところへ行ってしまうのです。

それに、心が弱くなっているときほど、思わず他人に引きずられてしまうものです。心が弱っているときに秘密を告白したら相手に弱みを握られて逆手にとられたり、本来の自分であればとても納得できないことでも、弱さにつけ込まれ、弱い心を利用されてしまうことがあります。

嘘はあなたのパワーを弱めてしまいますから、「この人から言われると、どうも断れない」と思う人には自分から近寄らないことです。あなたにそんなつもりはなくても、どうしても乗せられ、引き入れられてしまう相手というのもいるものです。「YES」と言うのは簡単ですが、「NO」と言うのは難しい。先ほども触れましたが、「NO」は、人を傷つけてしまう場合があるからです。しかし、相手が獣レベルの人であれば、その心すら利用されてしまいます。ますます自分をおとしめないためにも、そういう人物には近寄らないにかぎります。

反対に、嘘が簡単にばれたとしたら、むしろ喜ぶべきでしょう。よく子どもの嘘はばれないといいますが、それは、本人に嘘をついている自覚がないからです。大人が嘘をつくときは、手、目、声の調子などにどこか落ち着きがなくなり、呼吸が荒くなるなど、相手に嘘を感じさせるサインを送ってしまうものです。それが嘘をついたあなたに対する魂の反撃なのかもしれませんが、見破ってくれた人に感謝して、潔く嘘を認めて前に進むのが正しい方向です。また、1度で終わった嘘なら、もう2度とやらないことです。

しかし、もしかしたら、あなたは今、ばれることなく誰かに嘘をつき続けているかもしれません。たとえば、夫や妻に内緒で不倫をしていたり、リストラされていても、「行ってきます」と会社に行くふりをして家を出たり、「他の人もやっているから」と、会社の経費をごまかしたり……。

もちろん、ついた嘘の中身を責めているのではありません。会社での立場を守るため、あるいは家族を守るため、嘘をつかなければならない場合もあるでしょう。でも、魂にとっては、嘘に大きいも小さいもありません。嘘によって苦しみ、自分を責め続けた挙句に、自分を壊してしまうこともあります。あるいは、自信を失うだけではなく、嘘にエネルギーを奪われ、消耗し、クタクタになってしまうでしょう。もし、嘘をついていることがあれば、今日、明日ということではなく、徐々に身辺整理をするなど、嘘のもとを解除していくことが大切です。

自分についた嘘はごまかせません。嘘をつき続けたツケは、すべて自分に返ってきます。

昔ある役人がいました。その役人は、毎日、魚ひと切れと1合の酒の晩酌を何よりの楽しみとしていました。ある日、ワイロをもった男が訪ねてきました。カメに入った美酒と立派な山海の珍味の盛り合わせです。そして言いました。

「これは誰も知りません、あなたと私とのことですから、どうぞ受けとってください」

するると役人は毅然として、

「天知る、地知る、己知る。これ以外に誰が知らないと言うのか！」と一蹴して返しました。そして、生涯、魚ひと切れと1合の晩酌を楽しみました。

その4 自分のなかの偽善者と闘う

人は、いい人間であろう、正しい人間であろうとするほど、自分の行いに満足できなくなる生き物です。それで、満足できない状態を抜け出そうと、「まだまだ」「もっともっと」とがんばるのですが、いつまでも満足できません。それどころか、人に対してどんなにいいことをしたり、言ったりしても、結局はそれがきれいごとに思えて、「本当はもっとやれることがあるはずなのに」と不完全燃焼になります。

もしかしたら、仕事や家事、育児でも、そんな一面があるかもしれません。まわりから見れば十分すぎるほどがんばっているのに、完璧主義な人ほど、やってもやっても自分に満足できず、そんな自分を責め、自分にダメ出しをして、どんどん自信を失っていく。

みなさんには、そんな経験はありませんか？

わたくしには、ありました。

かなりがんばっているのに満足できない自分がいました。今日のご飯がないわけでもなく、さしあたっての大きな不幸もないのに、何かが渇いていた。何かやることがありそうなのに、本当の居場所が見つけられず空まわりしていた日々。「そんなときは人の役に立て！」と言われていたのに、きれいごとのように思えて足を止めていました。

すると、自分の内側から卑しい声が聞こえてきました。

「お前は偽善者だろう」

そして、続けてこう言いました。

「お前は善良なふりをしているが、本当はそんなにいい人間じゃあないよ。その証拠に、ウジのたかった死にゆく人間を洗ってやることができるのか？」

そう言われて、その映像をイメージしてみました。わたくしは、はたしてマザー・テレサのように、死にゆく人に対してお世話ができるのだろうか。そして、答えました。

「わたくしにはできません」

「では、お前は、死にゆく老人が、のどにタンを詰まらせたとき、それを口で吸い出してやることができるのか？」

わたくしは、また映像を頭のなかに浮かべてみました。しかし、答えは同じでした。でも、そのとき、気がついたのです。精一杯やっている自分に満足していないのはなぜか。

お釈迦様は、スジャータに乳粥をもらったとき、悟りへの近道は苦行ではなく、お琴の弦のように、張りすぎず緩めすぎずということにこそ「悟りの境地」があると気づいたといわれていますが、わたくしも、そのとき初めて、そのことに気づいたのです。

肩に力を入れてがんばりすぎれば、いいことをやっても苦しいだけで、ちっともうれしくありません。反対に、できるのにやらなければ、自分を許すことができません。「徳」というものは、喜びのもとにやらなければ、自分にとってもよくないのです。「完璧でなくていい。自分が今できる精一杯のことをする。それでいいじゃないか」

素直にそう思えました。そして、答えました。

「わたくしにはできません。しかし、わたくしは偽善者ではありません。わたくしは、やさしい人間です」

そう言ったとき、何かがパーンとはじけ、声の主もいなくなりました。それからのわたくしは誰に対しても愛情の出し惜しみをしなくなりました。

この話をセミナーでしたところ、「先生、僕はやっと闘い方がわかりました。この言葉に負けて、善を行うことをやめていました。ありがとうございます」と、にっこり笑って帰っていった男性がいました。

みなさんも同じです。がんばっている自分を認めることができずに、自分で自分を偽善者に仕立ててしまうと、心のすき間に本物の偽善者がすっと入り込んでくるのです。そして、言葉巧みにあなたの善意を摘み取ろうとする。でも、その言葉に脅されてはダメです。いいことをしているのに、後ろめたい思いに駆られることがあったら、「わたくしはいい人間です」と、はっきり口に出してみてください。

迷いがパッと晴れて、気持ちをスイッチできるはずです。

その5 大事な決めごとは魂に聞く

パートナーを決める、家を買う、転職する、事業を起こす……。

人生が変わるような大事なことを決めるとき、あなたならどうしますか?

それが自分にとって大事であればあるほど人に相談したくなるものです。でも、それは失敗への恐怖心がそうさせるのです。間違った選択をしたくないから慎重になり、慎重になるから迷いが現れ、答えを求めて相談する。これは、ほとんどの人がたどる道でしょう。

ところが、相談された人が責任をとってくれるわけではないのです。親身になって考えてくれることが仇《あだ》になり、かえってあなたの足を引っ張ることもあります。それで逆恨みでもしたら本末転倒です。

いくら人の意見を聞いたとしても、最終的な判断を下すのはあなた。でも、どうしても正しいと思える答えが見つからない……そんなときは、あなたの魂に問いかけてみるといいのです。

わたくしの場合は、「家」でした。

わたくしにとっては、「もうここしかない！」と思える土地を見つけ、この土地の形を生かしてこんな間取りにしよう、思い切ってパティオをつくろうと、夢を膨らませていたのです。幸いなことに、この土地を紹介してくれた不動産会社も、土地の所有者もいい方ばかりで、これ以上のご縁はないと思っていました。

でも、家を建てるといえば人生でそう何度もない大きな買い物です。もしも、この土地を買うことが、自分にとってプラスではなくマイナスだとしたら……と思い始めました。ところが、根っからの前向き思考がすぐに不安を打ち消して、ポジティブに書き換えてしまうのです。

「大丈夫、大丈夫、こんな素晴らしいご縁は、どんなに探したってあるものじゃないわ。この土地がきっとわたくしを呼んでくれたのね。これは偶然じゃなくて、必然の出会いなのよ」

ただ、心のどこかで「本当にいいの？」と思うところもありました。それで、魂に問いかけてみたのです。

「この土地を買うことが、自分の魂にとっていいことであるなら、このまま進めてください。でも、もしマイナスであるなら、完璧に壊してください」

すると、数日後、この契約が見事に壊れる出来事が起こりました。

土地の所有者がずっと以前に頼んでいた別の不動産会社が買い手を見つけ、わたくしより1日早く契約を交わしていたというのです。

すでに申込金も払い終わっていたところで、関係者一同もさすがにびっくりしていましたが、完璧な壊れ方だったことで、「そうか、わたくしが住んではいけない土地だったんだ」とすぐに納得できました。おまけに申込金も全額戻ってきました。

どんなに相性がいいと思っても、こういうことがあるのですね。もっとあいまいな壊れ方だったら、土地ほしさに執拗に追いかけたかもしれませんが、これならあきらめがつきます。魂に問いかけたおかげで、気持ちもさっぱりして前に進むことができました。そして、その後、本当にすばらしい家が現れたのです。

人生には壊れてよいこともあるのです。叶わなくてよいこともあるのです。大事な決めごとは魂と一緒に決めましょう。

その6
相手の魂に向かって謝る

自分に非があったときは、やはり後味が悪いものです。普段、どんなに人の役に立つことをしていたとしても、人間は完璧ではありません。つい言いすぎてしまったひと言がいつまでも尾を引いて、心を曇らせている人も多いのではないでしょうか。

一期一会の思いで接する相手なら気も張っているので、下手なことを言う機会もないでしょうが、身近にいる家族、友人、仕事仲間ともなると、ついつい思ったままを口にしてしまい、後から「しまった！」と思うこともあるはずです。また、口に出さないまでも、相手を悪く思う気持ちがふつふつとわいてきて、なかなか消えないということもあります。言葉にしない分、かえって詳細に相手の悪いところを並べ立てて、いつの間にか心のなかが毒でいっぱいになってしまうことも。そうなると、もうとめどなく自分を正当化する言葉があふれてきて……ということはありませんか？

しかし、魂にとってはどちらも同じことです。「早く心をきれいにして！」といわんばかりに、あなたに謝罪を求めてきます。

なのに、素直に謝れない……そんなときもありますよね。

たとえ相手が上司でも、理不尽なことを言われれば腹が立ちますし、仕事も恋愛もうまくいっている人にジェラシーを抱くこともあります。また、嫁姑問題などを抱えていれば、文句のひとつも言いたくなります。

でも、大丈夫。そういうときは、直接謝らなくてもOKです。その代わり、相手の魂に頭を下げましょう。本人がどうあれ、相手の魂は高貴なままです。その高貴な部分に対して「申し訳ありませんでした」と、心を込めてお詫びするのです。そうすれば、後ろめたい思いが消え、魂を浄化することができます。いわば、ひとつの毒消しですね。

また、愛情の名のもとに、感情で子どもを叱りつけてしまうこともありますね。たとえ3歳の子どもであっても、悪い思いをためずに、気づいたらそのつど謝るといいのです。

人は、ちょっとしたことで毒をもちます。そして、毒がたまればたまるほど魂が濁っていきます。

「謝るには時間がたちすぎてしまった。タイミングを失った」

そんな後ろめたい思いも、そのまま放っておくから毒に足を取られて前に進めないだけで、ちゃんと魂に謝って毒を消せば、次に顔を合わせたときも普通に話ができます。

それでもやっぱり「自分は悪くない！」と思ったら、相手の魂に、自分がなぜ腹を立てたのか、理由を説明してあげてください。たとえば、「許してください。わたくしが至りませんでした。あなたがいつも〝仕事が忙しくて〟と言って、デートの時間に遅れてくることが許せなくて、つい声を荒立ててしまいました。忙しいのはわかります。でも、どうかこれからは、わたくしを待たせないでください。お願いします」と、魂の回線を使ってお願いしてみるのです。すると、お願いした通りのことが現実になったり、向こうから謝ってきたりすることがあります。

わたくしは、１日の終わりに自省して、自分のなかの毒をなるべく翌日に持ち越さないようにしています。毒をためない睡眠はありがたいものです。心の清浄を保てれば、明日も元気な自分でいられます。

その7　魂を粗末にしない

わたくしたちの魂は、生まれながらにして高貴であり、大切にされてこそ光り輝く存在です。

大切にされるとは、ほめられ、受け入れられ、愛情をかけられることです。そして、存在価値を認められること、評価されること。人はそういう扱いを受けることが自然なのです。

人は素直ですから、誰かにほめられ、認められれば元気になり、エネルギーがわいてきます。「よくやったね」「すごいね」と言われれば、うれしくて、さらにやる気になります。それで、やればやるほど集中力が上がり、能力が高まって結果が出るのです。もし子育て中のお母さんがこのことを知っていたら、誰もが自分の子どもに何をしてあげるべきかわかるでしょう。

人に受け入れられ、愛情に満たされると、そのうちに自分も人を愛し、受け入れることを覚えます。自分が何をしたら人が喜んでくれるか、どうすれば人を元気にできるか。自分がまわりからもらったたくさんのエネルギーを、今度は外に向かって出していくことができるようになるのです。大切にされてこそ曇りのない魂が光り輝くと申し上げたのは、このことです。

そして、輝いて生きることが幸せな人間のあり方です。

その反対で、一生懸命がんばったのに、誰もほめてくれなかったり、無視されたりしたらどうなるでしょう。ましてや、自分の身近な人からつらくあたられたり、愛情を感じなかったりした人は、どんどん元気をなくし、光が覆われていきます。まるで太陽が暗雲で包まれるように。

そして、心を閉ざし、人とのかかわりを拒否してしまいます。なぜでしょう？　それは、自分の存在を否定されたのと同じだからです。スイッチの入っていない照明のように、真っ暗で誰のことも照らせません。でも、電球が切れているわけではないのです。そんなとき、悪いグループから「仲間に入らないか」と誘われたら、存在を認められたと勘違いして、闇の方向へ引きずられて、簡単に仲間に加わってしまうかもしれません。

最近の親御さんたちのなかで、子育てに悩んでいない人などいないでしょう。むやみに叱れば、この子の人格や才能を縮めてしまうかもしれないと思いながら、一方で、ほめれば伸びることはわかっているが、あまりほめすぎると図に乗ることを知っている。それでは大人になってから苦労するのではないかと悩み、親自身の心が揺れ続けている。それで、場当たり的に叱ってしまったりすると、「自分は親として失格なんじゃないか」という思いにとらわれて、本当に叱るべきときに叱れない、ということが起きるのです。

しかし、魂に大人も子どももありません。みんな自分と同じ、高貴なる存在です。自分が粗末に扱われて嫌だ、苦しいと思うことは、子どもも嫌で苦しいし、自分が認められ、ほめられて、うれしい、幸せと思うことは、子どももうれしくて幸せなのです。ですから、がんばったら認める、ほめるということに「すぎる」はありません。目一杯ほめてあげればいいのです。正々堂々としたケンカなら、ケンカもけっこう。その代わり、人の道に外れること、弱い者いじめをしたり、嘘をついたり、物を盗んだりしたら一歩も引かずに、「ならぬものはなりませぬ」と、真剣に叱る。親がつねに態度を変えないこと、ぶれないことが、子どもの教育にとってもっとも喜ばしい環境です。15歳までは、親は子どもの師であり、友だち親子は子どもに迷惑なことなのです。その子が世間で自立するまで友だち親子はおあずけです。去稚心（稚心を去る）といって早く子どもくささを抜いてやり、真実の道を見つけさせるには、魂を堕落させない方向にガイドできる親が最高の師と言えるでしょう。

企業の人材教育でも同じことが言えると思います。がんばったら、しっかりほめて、認めてあげること。そうすればお尻を叩かなくてもやる気が出ます。結局は、人の成長分が企業の成長分になってきます。企業も、突き詰めれば個人が動かしているのです。

その８

魂を高める幸せの色、不幸の色

さて、みなさんは、モーツァルトで軽犯罪が激減した街があるのをご存知でしょうか。

２０１１年に大地震が起き大きな被害となってしまったニュージーランド第2の都市、人口38万人のクライストチャーチの通りでの話です。モーツァルトの曲を流し始めたところ、２００８年の記録で週に77件あった反社会的事件が、２００９年には2件まで減ったそうです。また、麻薬や飲酒に関する事件も２００８年に16件あったものが、２００９年の同じ週にはゼロになったといいます。

モーツァルトの曲は、美しい言葉を使ったときと同じように、魂にアクセスして、よい振る舞いをする環境をつくりだす波動のようなものをもっているのかもしれません。

他にもモーツァルトのような調和音で、胎教によい、植物にも好かれるといわれる音楽を「情緒思考音楽」と呼ぶのだそうですが、その大きな特徴は、「脳が休む」ということです。脳が休み、脳波がアルファ波になることで、情緒が発生して心が癒されるのです。日本の唱歌として古くから歌われている「春の小川」「故郷」「荒城の月」なども、情緒を安定させる曲ですね。逆に、ハードロックなどのリズムを強調したものは、脳を過剰に刺激して、心にストレスを与えてしまうそうです。脳が刺激されているときは、人と自然の情緒との交流を脳が遮断してしまうのです。

もちろん、どんな曲でも好きな音楽であれば心はマイナスに振れないものですが、魂が喜ぶ音楽といったら、モーツァルトのような曲がおすすめ、ということですね。

次は色です。幸せの色、不幸の色とは、どんな色でしょう?

幸せというのは、重量感と関係しています。ワクワク、ウキウキしているときというのは、身も心も軽くなりますね。反対に、嫌なこと、つらいことがあると、体も心も沈んで重くなります。それと同じで、色の波動の軽いものは光に溶け込んで天国(幸せ）に近づき、波動の重いものは闇に同化して地獄（不幸）に近づく。つまり、「天国の色」を身につければ魂が成長する方向、「闇の色」を身につければ魂が曇る方向に向かうというわけです。

「天国の色」とは、明るい色、きれいな色、たとえば、パウダーピンクやレモンイエローなど重量感の軽い色、あるいは、空の色、海の色、草の色、花の色など地球自然界にあるやさしい色です。「天国の色」を身につけると心がウキウキ軽くなって、ポジティブになれます。

その反対で、「悲しみの色」とはグレーです。人は悲しみのなかにいるとき、この世界から一瞬にして色や匂いが消えてしまいます。残る色は灰色一色の世界。グレーは悲しみの色なのです。黒は特に気をつけることです。光りをも飲み込んでしまう闇の色。ドラキュラは黒いマントを着ています。闇に住まう者どもの色なのです。細胞にダメージを与えかねない色なので妊産婦は特に避けることです。

「闇の色」を選ぶと、あなたのエネルギーを奪われ、ネガティブになってしまうのです。

人は、心の状態に合わせて無意識に身につける色を選んでいます。もし「悲しみの色」に手が伸びるようなら、少し気持ちが落ち込んでいるのかもしれません。明るい色を選び直して、気持ちを切り替えてみるのも簡単なスイッチ方法のひとつです。ビジネスシーンなどによって、暗い色を選ばないといけない場合は、分量をできるだけ少なくしましょう。女性ならアクセサリーをじゃらじゃらつける、男性ならネクタイやチーフで明るい色を取り入れるなど、バランスを整えてください。

男性には特に、下着に「天国の色」を取り入れることをおすすめします。上から服を着てしまうと目には直接触れませんが、皮膚には視神経と同じ「色を認識する力」があるという研究もあります。スーツを着る機会の多い男性にこそおすすめですね。闇の色を着ている人は、闇を話したくなるものです。それは泥水を浴びていることと同じで、汚染されてしまいます。闇から遠ざかるほうが無難なのです。

その9　そうじで家をイヤシロチにする

みなさんは、「イヤシロチ」「ケガレチ」という言葉を聞いたことがありますか？

「イヤシロチ」をひと言で表すと、「快適で居心地のよい空間」のことです。たとえば、古くからある神社などに行くと、不思議と心が落ち着き、体がリラックスするでしょう。その感覚は、視覚的なものだけでなく、空間に漂う空気が実際に清々しく健康的だからです。こうした土地はますます栄えることから「イヤシロチ（弥盛地）」と呼ばれ、物事が活性化する場所として、人や自然を健康に導いてきたのです。

これを「家」に置き換えると、家の中がきちんと整っていて、そうじが行き届き、風通しがよく、チリ・ホコリ・カビがない家が「イヤシロチ」ということになりますね。家を「イヤシロチ」にしておけば、快適で居心地がいいだけでなく、体にエネルギーが充電されるような、満ち足りた気分を味わうことができ、何事にも前向きになれるのです。これこそが、神の住まう浄化された場所です。

ところが、文明や産業が近代化するにつれ、わたくしたちを取り巻く環境は、豊かさと引き換えに、自分中心のエゴと損得優先の社会へ変化し、人間同士の争いや病気、トラブルが絶えない「ケガレチ（気枯地）」へ姿を変えてきています。

家でいえば、物が散乱し、ホコリやカビがたまり、風通しが悪く、臭いを含んでいるのが「ケガレチ」です。つまり、そうじを怠っていると、家が「ケガレチ」になってしまうということです。

そうじも、「よし、やろう！」と始めてしまえばなんということはないのに、なかなか行動に結びつかないものです。やらないときれいにならないとわかっていながら億劫に感じたり、汚れが気になっても見て見ぬふりをしてしまうのは、もしかすると汚れに「魔」のような存在が潜んでいるからかもしれません。それで、汚れがひどくなるにつれて集中力や思考が散漫になったり、夫婦喧嘩、家庭内暴力、最悪のケースは自殺など、一見、住宅とは関係ないような現象が現れたりすることが少なくないのです。

なぜそのようなことが起こるのでしょうか。
風通しの悪い室内にチリやホコリ、カビがたまると、「劣化した空気」を吸い込むことになります。劣化した空気のなかにいれば、植物と同じで元気がなくなり、本来もっている力を十分に発揮できないのは当然のことでしょう。ですが、そういう物質的なことだけでなく、昔から「部屋の乱れは心の乱れ」というように、やはり、部屋が汚ければ心（精神状態）が落ち着かなくなるのです。魂レベルで考えれば、魂はきれいなもの、美しいもの、汚れのないものを好みますから、部屋が汚れていると魂が濁り、心が不安定になり、ネガティブな方向へ、闇の方向へと、どんどん引きずられてしまうのです。チリ・ホコリ・カビは闇の世界の出先機関です。

そうじというと、「面倒くさい」と思う人も多いでしょう。特にまとめて〝溜め〟そうじの人はすぐに習慣を変えましょう。でも、せめて「気がついたところだけきれいにする」という習慣をつけると、それだけで磁場が変わるのがわかります。そうじの本当の意味は、磁場を変えることなのです。闇の世界を近づけないことにあるのです。魂を堕落させない手続きです。

それを私は「30秒サッサそうじ」と呼んでいます。綿ボコリを見つけても「いいや、週末にまとめてやろう」とそのままにするのではなく、「アッ！　浄化」とすぐ拾い上げてゴミ箱に捨てる。歯磨き粉が鏡に飛び散っているのに気づいたら、「アッ！　浄化」と歯磨きしながらティッシュで拭きとる。洗面台に髪の毛が落ちていたら、「アッ！　浄化」と放っておかずに捨てる。それぐらいのことなら気合を入れなくてもできるでしょう。「30秒でできる範囲だけ」、とにかくきれいにしてみてください。目の前にあった汚れが消えてなくなると、単純にすっきりするばかりでなく、磁場の違いを体感できると思います。「気持ちいい」と感じるはずです。そして、その違いを実感できたら、少しずつその範囲を広げていけばいいのです。家のなかはどんどんきれいになっていきます。

脱いだ靴を揃えると尻抜けクセが直ります。飛び起きた寝床もサッと風を入れて簡単に整える。パジャマも肩つまみで軽くたたんで30秒。あなたが不潔な場所やたたんでいないパジャマが気持ち悪い、履物も揃えないと気分が悪いとなったらしめたもの。魂によきことをやっています。親は子どもにそうじの躾をしてください。その子を自殺や闇の世界から守ることになります。

汚れのきっかけを放っておかない。それが、あなたの魂を浄化し、活性化させる「イヤシロチ」をつくる第一歩になります。そうじは本当は、闇の世界との戦いなのです。

その10　怒りをコントロールする

あなたの魂を闇に引っ張るエネルギーのもとは、３つあります。「絶望」「怒り」「怠惰」です。これを仮に「殺し屋3兄弟」と呼ぶことにします。

この「殺し屋3兄弟」は、ことあるごとにあなたからネガティブな思いを引き出そうとし、魂を堕落させようとさまざまなトリックを仕掛けてきます。なかでも「怒り」のトリックは巧妙です。しかし、それを見破ることで、あなたをマイナスの思いにさせている原因がわかり、プラスに転じるきっかけをつかむことができるのです。

たとえば、あなたの大好きな人が浮気をしたとします。このときの怒りの変化を、順を追って見てみましょう。

疑り→プライド→正義感→自己憐憫→攻撃→自己嫌悪→罪悪感→混乱→自暴自棄

最初に来るのが、〝あの人は一体いつから自分を裏切っていたんだろう？〟という「疑り」です。そして、「プライド」を一方的に傷つけられたことに対する怒りがふつふつとわき起こり、〝あんな卑劣な人を許してはおけない〟〝社会的制裁を与えなければ気が済まない〟といった「正義感」が現れます。

しかし、それが過ぎると、〝私だけが、なぜこんな目に遭わないといけないの？〟〝自分はなんて不幸なんだ〟という「自己憐憫」がやってきます。そのうちに、〝いやそうじゃない、あいつが悪いんだ〟〝あの人なんて死んでしまえばいい〟という「攻撃」に転じます。

その後にやってくるのが「自己嫌悪」です。〝なんであんな人を愛してしまったんだろう”　”自分は大バカだ。もうこの世から消えてしまいたい”という思いに打ちひしがれ、激しく落ち込みます。そして、〝今まで悪いことをしたから罰が当たったんだ〟と、今度は自分を責め、「罪悪感」から相手の行為を正当化し始めます。

すると、自分のなかに「混乱」が起きます。〝あの人を失いたくない〟〝どうしていいかわからない〟〝誰か助けて！〟。そして、最後に来るのが「自暴自棄」です。〝もうどうなってもいい〟〝勝手にしやがれ〟。

でも、実はこれで終わりではありません。「自暴自棄」まで終わったら怒りは終了、ではないのです。〝もうどうなってもいい〟の次は、また〝本当に、あの人はいったいいつから自分を裏切っていたんだろう？〟と振り出しに戻るのです。それがエンドレスでやってきます。これではいつまでたっても終わりがありません。しかも、怒りのパターン（順番）というのも決まっているのです。

あたかも自分と対話しているように見えて、パターンが同じだなんて不思議ですね。見えない世界は美しいものばかりではありません。まがまがしき存在もあるのです。その闇の者から自分自身の魂を守ることが重要です。

これが「怒り」のトリックの正体です。見破りましょう。

これまでのあなたの「怒り」がオリジナルでなかったことは、「絶望」や「怠惰」からもみてとれます。

「絶望」とは、文字通り望みが断たれ、希望を失うことですが、何もかもがうまくいかないとき、人は絶望感に襲われ、「もうダメだ、八方ふさがりだ」と感じますよね。でも、それが「思わされた」としたらどうでしょう。本当は「八方ふさがり」などという状況は、この世にありません。たとえば、手の打ちようがなくなって会社が倒産したとしても、命までは取られないし、ご飯だって食べていけます。日本には毎年3万人もの自殺者がいますが、何が起こっても自殺にまで追い込まれる必要なんて、本当はないはずです。

「怠惰」は主に肉体を責めてきます。期日のある仕事や宿題をどうしてもやりたくなくて1日延ばしをしてしまったり、グダグダと時間を過ごしてしまったこと、サボりたかったり、やり通すことができなかったという経験は、みなさんにもあるでしょう。するといやらしい声が聞こえます。「ほうら、結局お前は最後までやれない人間なんだ」「お前はそうやって、平気で自分との約束を破るんだな」という声が聞こえてきます。でも、だからといって、「ダメな人間」「器の小さい人間」ではありません。機械ではないのでサボりたいこともあるのです。しかし、あなたの後ろめたさにつけ込んで、そう「思わされて」しまうのです。

その結果どうなるかというと、自分自身を矮小化させられ、自分で能力にふたをしてしまう。やりがいのある仕事、大きなプロジェクトの話が来ても、「とても自分にはできません」「そんな器ではありません」と言って固辞してしまうのです。十分期待に応えられる力をもっているのに、それが「思わされた」結果だとしたら、なんとももったいないことですね。

では、そういう状態から抜けるにはどうすればいいか、お伝えします。

まずは、こうした思いはあなたの本心ではなく、トリックだということを知ること。「怒り」の場合は、「怒り」スパイラルにはまったと気づいたら、「今、自分は怒りのこの辺にいるんだな」ということを冷静に判断して、「怒り」の思い通りにさせないようにコントロールすることです。それから「殺し屋3兄弟」が入り込むきっかけをできるだけつくらないように、魂を磨く10カ条で魂を磨いてください。

それでもマイナスの思いに至ってしまったら、「これは、自分ではない」、あるいは「浄化」と、はっきり声に出して言ってみてください。この「浄化」という言葉は、魂をきれいにする「祝詞」のようなものです。悪い思いを祓い清めて、正気に戻ることができます。

怠惰も絶望も怒りも、すべて自己破壊への道筋です。きっかけはたしかに自分がつくりますが、闇の手口はあなた自身が思ったように見せかけて巧妙にかじ取りを図ります。その際、強烈な甘い蜜の刺客を送ってきます。たとえば、浮気を疑う夫の携帯を盗み見しようとする衝動や、激怒したときに言ってはならない言葉を言ってしまいたくなる衝動や、ひきこもりで、自分でもTVゲームはやめたいのに、強烈にやりたい気分にさせられる……。闇の世界の存在と戦うには、浄化という剣と、魂の堕落を止める盾を備えることなのです。自分のなかにセンサーをもちましょう。

人として正しい道を貫くことは、魂を磨く上で最高にすばらしいことですが、魂を堕落させないことは、それ以上に重要なことなのです。ネガティブな思いから抜け出せなくなったとき、人生につまずいたと思ったときに、闇のエネルギーから身を守り、自分をフォローする手立てをもっていることも必要なのです。それが、自分の魂を大切に扱うということにつながります。

参考までに簡単な６つの浄化方法をお伝えしておきます。

①御霊の浄化（おへその下に指３本おいた下にあります）
②意識要素の浄化（頭の部分）
③体要素の浄化（体全体）
④エネルギー要素の浄化（体の周囲20センチくらいを包んでいる）
⑤素材要素の浄化（細胞ひとつひとつ）
⑥生殖器の浄化

ただ、意識を各部位に向けて「浄化」という言葉で清めてください。口に出しても出さなくてもいいです。いつでもどこでも、湯船のなかでも有効です。

第4章

豊かさと幸せを共存させる方法

自分のなかの豊かさを探す

ここでは、魂を成長させることと豊かになることは両立できる、ということについて、お伝えしていきたいと思います。

まず、「豊かさ」って何でしょう。私は、何かをしたいと思ったときに自由に使えるお金と時間をもっていること。そして、精神的に自由であることが、「豊か」であると考えます。「貧しさ」とは、その反対で、お金や時間だけでなく、精神的にも縛られてしまうことです。今のあなたは、自分で自分のことを「豊か」だと思いますか？　それとも「貧しい」と思いますか？

その答えを出す前に、もうひとつ質問します。

コーヒー1杯に払える上限といったら、どれくらいでしょう？

よく見かけるコーヒーショップなら1杯200～300円、街の喫茶店なら500

しょうか。

～７００円くらい、ホテルのラウンジで飲めば、１杯１０００～１５００円くらいで

　ここですぐに、「１５００円なんてもったいない。だったら家で飲んだほうがいい」と考えてしまったあなたは、エコノミータイプ。たしかに、原価で考えればコーヒー１杯はわずか数十円かもしれません。でも、値段が高いところは高いなりに、雰囲気・サービスともに居心地がよかったり、空間や調度品にお金がかかっていたりするものです。そうした付加価値を楽しめるか、楽しめないかというちょっとした部分が、実は豊かさと自分とを隔てているのです。

　ある20代の男性は、年収が２００万円ほどしかなかったのに、月に1度は一張羅を着て最高級レストランに出かけ、一流のサービスを受けながら食事をしたそうです。なぜそんなことをしたかというと、分相応の２０００～３０００円の居酒屋に通っていたら一生得られない情報や体験をインプットすることで、自分の豊かさが広がると考えたのです。それで、毎日の食費は切り詰めるだけ切り詰め、お金の枠を外してポーンと自分に投資したのです。「極端なお金の使い方をしたことで、世の中の幅が見え

た」と、その人は言っていました。

今は情報社会ですから、インターネットや雑誌でいくらでも贅沢を味わうことができます。でも、それはあくまでバーチャルであって、直接肌で感じられるわけではありません。もちろん、一流の料理を実際に食べ、一流の食器を使うということもそうですが、それだけではなく、一流の雰囲気に負けない「サービスを受ける側の人たちの態度」、たとえば、食事のマナーや会話の内容といったものを間近で見聞きしたことが非常に参考になったと、その人は言います。つまり、豊かさという「見えない世界」が自分のなかに落とし込まれ、「わかる世界」になったということです。

その人は、その後わずか数年で、年収５００万円を超えたそうです。ちょっと背伸びをしても、豊かな世界を見せる機会を自分に与えることで、どうすれば自分もこの世界に入れるか、何を身につけなければいけないかが見えてきたのでしょう。

１杯のコーヒーも同じことです。１杯１５００円のコーヒーはたしかに高いかもしれません。でも、反対にたった１５００円で、豊かな世界をあなたに見せてくれる、と考えたらどうでしょう？

たとえば５つ星や７つ星のホテルは、お金を気にしない人々を満足させるために、莫大な資金を投じて世界中から最先端の豊かなものを集めています。今、一番人気のある建築家がデザインした建物に、有名な絵画が飾られ、まぶしいほどのシャンデリア、重厚な絨毯、アンティークを思わせる調度品の数々が用意されているのです。さらに、ＶＩＰの人々を接客するスタッフの教育にも、また、多額のお金が使われています。そういうホテルに泊まろうと思ったら、それこそ１泊４〜５万円以上はするでしょう。そういう場所に行って、１杯のコーヒーを飲んでみてはいかがですか？

最初は少し緊張するかもしれません。でも、その場に30分もいたら、だんだん落ち着いてまわりが見えてきます。すると「あ、あのブドウのモチーフのシャンデリア、わたくしの好みだわ」とか、「カップの形が素敵。でも、この柄はあまり好きになれない」とか、自分の尺度でものが見えるようになってくる。自分がどのような豊かさが好きなのか見えてくるのです。

そう、そこにある豊かさはすべて、実はあなたのなかにあったものだということに気づくでしょう。あとは、あなたのなかにある豊かさをどうやって広げていくか。そう考えたら、ちょっと楽しくなってきませんか?

貧しい発想のループから抜け出す

そうはいっても、自分のなかにある豊かさをなかなか受け入れられない人たちもいます。

いろいろな制約や枠を自分にはめて、「そんなこと無理に決まってる」「今の状態じゃできるわけがない」「自分には関係ない」というように、自分で自分の行動にブロックをかけてしまうのです。そうなると、豊かさに気づくための情報が不足し、どんどん発想が貧しくなってしまいます。

わたくしたちのまわりには、豊かなものがたくさんちりばめられているのに、わざわざ触れないようにしている人がとても多いように思えるのです。

そういう人が、結婚式の披露宴やパーティ、会社の取引先との外食など、正式なディナーの席に出席すると、とても窮屈な思いをすることになります。普段、「自分には関係ない」と思っている人は、テーブルマナーにも慣れていないものです。お料理が運ばれても、隣をチラチラ見ながらぎこちなくナイフやフォークを動かしたり、落ち着きがなかったりして、食事を楽しめないどころか、肝心な会話も弾みません。それで結局、「疲れた～」「ああいう疲れる席はご免だ」というレベルで終わってしまうのです。

手を伸ばせば世界中の豊かさを味わえるところにいながら、情報を得ようとしないために、そういう人は、これからも貧しさを選択するという状況をみずからつくってしまうかもしれません。貧しい思いでいるとドアチャームまで「ビンボー」と聞こえてしまいます。

ただ、誤解しないでいただきたいのは、わたくしは、お金のかかる場所に身を置かなければ幸せになれない、と言いたいのではありません。自尊心を守るだけの富を手に入れる人間になるには、たとえどんなステージに出されても、臆することなく堂々とした自分でいられることが重要なのであって、自分のなかにある豊かさを認識しておくことも大切だということを申し上げたいのです。そして、そのためには自分への先行投資も必要ですよ、ということです。

たとえばお客様を連れて、ひとり何万円という料亭に行ったとします。そこでは食材のよさはもちろんのこと、お造りの上品な盛り方、器の見事さ、接客の素晴らしさといったものをあなたに見せてくれますが、そうした状況そのものを楽しめなければ、何万円という価値を享受できませんし、お客様をもてなすこともできません。

わたくしの場合は、3つの理由から、そういう場所へ積極的に出かけるようにしています。ひとつは自分のなかの豊かさを探すため、もうひとつはVIP対応を学ぶため、3つめは人の頭のなかにある「豊かさの形」を見るためです。

5つ星といわれるホテルが日本にできればコーヒーを飲みに行きますし、世界に2台しかないというロールスロイスが見られると聞けば出かけていきます。世界的に有名な高級ブランドショップや宝石店にも足を運びます。それらを自分のセンスを測るものさしにしたり、人々の称賛を受けるものに込められた想いやプロセスに共感して、自分なりのイメージを膨らませたり、うれしいと感じたサービスのいいところを探して、自分も実践したりするのです。また、魂は本来、大切に扱うものですから、どんなに華やかな場所でも粗末に扱われない本来の堂々とした自分をつくっていくために、マナーや立ち居振る舞いもきちんとするように心がけています。

もちろん、ある程度の先行投資はしました。しかし、自分に払った先行投資はけっして裏切りません。そこで支払った何倍もの豊かさが、自分に返ってきていると確信しています。

今のあなたは、まだ自分の豊かさにフタをしているかもしれません。でも、そのフタを一度外してしまえば、あると思っていた限界は消え、もっと自由に、もっと豊かに、自分の人生を生きることができるようになるでしょう。まずは、情報を得ること。つまり、知ること、見ること、体験してみることです。自分のなかに「豊かさの引き出し」を増やしていくと、イメージ力が上がり、開ける世界が変わっていきます。

お金から自由になる

では、貧しい発想をブレイクしたあなたに質問します。

今から半年後、あなたの預金通帳に書かれている数字を想像してください。

こういう質問をして、5000万円以上で手を挙げる人は、ほとんどいません。それどころか、5万円でも難しいと真面目に答える人もいます。真面目な人ほど、自分のお給料を基準に、現実的にいくら貯められるか計算してしまうのです。この質問は、想像する世界であっても、自分に枠をもっていることを知ってもらうためです。

人は自分が想像した以上の金額を得ることはできません。「思いは実現する」といいますが、まさにその通りで、あなたが金額の枠を決めた時点で、枠以上のことはできないのです。「自分のなかに貧しさはない」と思っていたとしても、直接「お金」と言われると、どうも発想力が鈍ってしまう……。でも、それは日本人だからかもしれません。物質的な「お金」を享受することを求めている半面、否定してしまうところが日本人にはあるのです。

「悪銭身につかず」「金は不浄に集まる」「金は三欠く（義理・人情・交際の3つを欠く）に貯まる」ということわざがあるように、「お金、お金」というのは恥ずかしいという感情が、日本人の頭のどこかにあるようです。

では、昔の人たちもそうだったかというと、少し意味合いが違ってきます。たしかに「安物買いの銭失いはするな」とか、「一銭を笑うものは一銭に泣く」といった、お金の大切さは説いたかもしれません。しかし、お金をもらうことは、むしろちっとも恥ずかしいことではありませんでした。恥ずかしいとされたのは、お金に対して卑しさを見せること。親であれば、子どもの前で「うちはお金がないから何もしてやれない」「うちは貧乏だから何も買ってやれない」と口にするのはおやめなさいと言っていたのです。

小さいころから親がお金のことばかり言えば、育った子どもは「金がものをいう」

「先立つものは金」というように、お金に固執する考え方になってしまうでしょう。それが損得勘定を生み、人も「自分にとって損か得か」で選んでしまうようになるのです。

こんな親子の話があります。

医者を志している子どもに、父親がこう言いました。

「うちには、お前が開業するだけのお金はあるから、心配せずに学業に専念しなさい。だが、お前が大学を卒業するまでは使わないお金だから、そのつもりでいなさい」

これを聞いた子どもは、しゃにむに勉強して医大に合格し、その後もがんばって、立派な医者になったそうです。そして「お父さん、いよいよ開業しようと思います。ついては、開業資金をいただけないでしょうか」と言いました。

すると、父親は答えました。

「実は、うちにはそれだけのお金はない。もしそう言ってしまったら、お前はがんばることをやめてしまったかもしれないからね。でも、どうだ、今のお前には親に頼らずとも道を開く力がある。違うかい？」

その子どもは、自分の家が貧しいということを知らずに大きくなったことで、お金に対して自由でいられたのです。そして、将来に大きな夢を膨らませ、豊かに生きることを覚えていったのでしょう。

お金から自由になるとは、「自分にはこれしかない」「これしか使えない」「これしかできない」という発想から離れられることです。大人になってから、そうしたお金の縛りから抜け出して、お金に対する限界を完全になくすことは難しいかもしれません。しかし、やってみる価値はあります。それは、医者を目指した子どものように、少しでも自分を伸ばそうと、目の前にあることを必死でこなすことです。お金のことが頭にあるうちは、預金通帳にもなかなかお金は貯まりませんが、やるべきことに没頭し、誠実に仕事をし、お金のことが意識から消えたとき、あなたは、お金から自由になっているはずです。

つねに正攻法でいく

さあ、ではいよいよ、魂を成長させることと豊かになることを両立させていきましょう。

目の前のやるべきことに没頭するとは先に述べた通りですが、「自分評価でがんばっている」だけではいけません。誰が見ても（公平に見て）「よくやっている」と思われる仕事をしていくことが大切です。

人材教育の場でわたくしがよくお話しするのは、「始業時間を自分で15分早めましょう」ということです。

会社が9時始まりだとしたら、8時45分には仕事ができる状態にしておきます。人より15分早めに会社に着くとどういうことが起こるかというと、社内の人間からの電話を全部自分が取ることになります。

「今日は午後出社します」とか、「取引先に寄ってから戻ります」とか、「体調が悪いので休みます」とか。そういう朝の情報に精通してくると、自然とあなたに情報が寄せられるようになります。それは、あなたに伝えておけば、みんな「安心」できるからです。そして、だんだんとあなたが必要不可欠な人になっていきます。社内で「徳のある人」になれば、自然と引き立てられるようになるのです。

退社時間もプラス15分。それを自分の始業時間、退社時間と決めましょう。まずは、決められた枠に縛られないこと。自分で決めて、行動を起こしましょう。

もうひとつ大事なことは、ひとつひとつの仕事をパーフェクトにしていくことです。パーフェクトといっても、時間をかければいいというわけではありません。たとえば企画書なども、じっくり時間をかければそれだけ精度の高いものはできますが、それで社内の評価は上がりません。「１週間で上げて」と言われたら、２日か３日で上げるくらい。上司が期待する倍のスピードでやることです。スピードは、自分がどれほどこの仕事にやりがいをもって真剣に取り組んだか、という相手への強いメッセージになります。

そして、電話対応、社内での態度も、つねにＶＩＰ対応を心がけることです。わたくしは、正攻法で光っていくことが大事だと思っています。そうでないと魂も光れないからです。上司がいるときだけ残業したり、自分だけが目立とうとすれば、一時的には直接の上司からの評価は上がるかもしれません。でも、まわりの目も節穴ではありませんから、長続きしません。必ずほころびが出てきます。あなたは部署の一員ですが、会社という組織のメンバーです。社内・社外の誰に見られていてもいいというつもりで、小さな箱のなかだけでなく、いつも公で光る自分をつくっていくことが重要です。

仕事は自己表現の場

クレーム対応は、またとない「人間力を伸ばす」チャンスです。お客様に対してVIP対応を実践できるのはもちろんのこと、対応いかんによって会社のピンチをチャンスに変え、信頼関係をより強いものにすることもできます。と同時に、あなたの株を上げ、実力をつけることにもなるのです。

会社勤め時代、わたくしは貿易部にいましたが、社内では「クレームの稲垣」と呼ばれていました。もちろん、わたくしがクレームを出すのではなく（笑）、クレームの電話が入ると、いろいろな部署から「稲垣さん、お願い！」と呼ばれ、そのつど「喜んで！」って取らせてもらっていたものです。これこそ、自分の腕だめし。

クレーム電話が得意という人はいないかもしれません。でも、やっているとコツがわかってきます。なぜお客様がクレームを言ってくるのか。それは、「あなたの会社に粗末に扱われた」と、その方の自尊心が怒っているからです。たとえば「製品が壊れていた」だけなら、交換してもらえばいい話です。でも、話がこじれてしまうのは、そのときの対応が悪いから。同じことを何度も聞いたり、「少々お待ちください」と言って、受話器をつないだまま必要以上に相手を待たせたり、電話をたらいまわしにしたり、いい加減な扱いをされたことに対して、猛烈に怒っているわけです。

そうであれば、誠心誠意、相手を大切に扱うことで必ず状況は変わります。

「お客様、大変申し訳ございません。どのような不手際があったのでしょうか、よろしければお話しいただけますか？」

やってみるとわかりますが、そう語りかけるだけでも、相手の口調はワントーン下がります。こちらの美しい言葉に対して、暴力的な言葉はまず返ってきません。あとは、相手の話に同調、共感し、名前を名乗ってきちんと後始末をすればいいのです。

「お客様のお腹立ちはごもっともです。以後気をつけるように、担当部署にわたくしから必ず申し伝えます。稲垣が承りました」

一番やっていけないのは、電話を早く終わらせようとして、テクニックで受け答えすることです。言葉がうわすべりしてしまって、かえって相手の心を傷つけ、さらに火に油を注ぐことになります。誠実な対応は、会社のためばかりでなく、あなた自身にも必要なのです。コールセンターのトレーニングを受け、クレーム処理をテクニックでこなしている人は、たくさんの電話クレームで必ず体を壊してしまいます。テクニックでの対応は、魂を曇らせるのです。魂に嘘は通らないことの表れです。

口先だけではないＶＩＰ対応をしてこそ、相手の怒りが収まるのです。それで、相手から「あなたがいい人だったから、もういいわ」と言ってもらえたら、あなたの人間力が上がった証拠。ただし、お客様からご褒美をもらってそれでおしまい、ではいけません。お客様にお約束した通り、担当部署に報告するところまで手を抜かずにやる。名前を名乗ってきちんと後始末をするとは、そういうことです。

仕事とは、「自分の人格を表現する手段」。たとえ電話１本でも、名乗ったからには責任は自分で負う。それくらいの心構えがあれば、あなたの評価はどんどん上がっていくに違いありません。

人は自分の鏡になる

人の仕事ぶりを見ていると、「仕事は自己表現の場」であることがよくわかります。

同じ部署で仲のいいふたりが、こんな会話をしていました。

A「Bちゃん、明日会社休むから、もし何かあったらフォローよろしくね」

B「オッケー、任せておいて」

翌日、Aさんの席で何か探していた上司が言いました。

「Aさんに頼んだあの件、どうなったかな。ちゃんと片付いたかどうか、誰かわかる人いるかな?」

Bさんは、「はーい」と言って、Aさんの引き出しからノートを見つけ、上司に渡します。ところが、ノートをパラパラ見た上司は、半ば怒った顔でこう言いました。

「何だよこれ、これじゃ何がどこまで進んでいるか、ちっともわからないじゃないか」

たしかに、期日がはっきりしている案件と、いつになるかわからない案件がごちゃごちゃになっている上に、結末が書いていないので、肝心なことがわかりません。

それを聞いたBさんは、「ほんと、そうですよね」と言っただけでした。

その翌日、出社してきたAさんは、Bさんに向かって言いました。

「昨日はお世話様。おかげで助かったわ」

そのときBさんは、笑顔でこう言ったのです。

「いいの、いいの」


一方、Cさんの仕事ぶりはこうでした。

Cさんが休んだ日、上司が、「Cさんに頼んだあの件、どうなったかな」と言いながら、Cさんの席まで行くと、「ペンディングノート」と書かれた1冊のノートがデスクの上に置いてあります。

中を開くと、担当した案件の詳細がひとつひとつ丁寧に書かれてあり、問題があったものについては、いつ、どんな問題が発生したのか、また、いつ、どのように解決したのかが書いてあります。しかも、完全に終了した案件は、誰が見てもわかるようにノートの角が切ってあります。つまり、角が切れていないページの案件だけがしかかり中ということです。

上司は思わず、「これはたいしたものだ」と感心して見ています。

さらに、各ページには、案件を終了するためのチェック表がゴム印で押されており、仕事にミスがないかどうかも一目瞭然です。

「あれ？　こんなゴム印、会社にあったっけ？」

そう言いながら、上司はうれしそうに自分の席に戻っていきました。

翌日、上司に呼ばれたCさんが席へ行くと、上司はこう言いました。

「きみの仕事ぶりには感心したよ。よくやってくれているね。ところで、あのチェック用のゴム印、総務がもっているなら、他の人にも配りたいんだけど」

Cさんは、答えます。

「あれは、自分用に自費でつくったものなんです」

さて、あなたが上司だったら、どんな人物に大事な仕事を任せたいと思いますか？振られた仕事をやり遂げるのは当然ですが、自分なりに仕事を工夫する、予期せず他の人が仕事を引き継いでも困らないよう普段から整理を怠らない、ということについては考えが及ばない人も多いのではないでしょうか。

「自己表現」の「表現」とは、無意識であっても相手を想定して行う行為です。同じ仕事をするなら、「自分以外の誰かが見る」ということをつねに意識することで、自己表現にプラスの作用をもたらすということを覚えていてください。

ちなみにCさんのご両親は高齢で、いつ急に休みをとるかわからない状況だったので、Cさんに誰が見てもわかるペンディングノートをつくらせていたのです。

幸運をもたらしてくれるのは身近な人

あなたは、オフィスでの身だしなみに注意を払っていますか？

「自己表現」とは、仕事のやり方だけではありません。

自己を表現するとき、私たちは「相手の存在」を想定しています。ということは、強い意識がないにしても、「相手に自分を認めてもらいたい」という欲求があるからです。マズローが唱えた自己実現理論でいうところの４段階目、「名誉欲求」に当たります。

オフィスでなら、認めてもらいたい部分、つまり「仕事」で表現しようとするわけです。ところが、身だしなみに関していうと、「相手の存在」がどうも希薄になっている、と思うようなシーンをたびたび見かけます。相手があるからこそ自分があるのに、不思議ですね。

もっとも多いのは、会社の行き帰りは服装もお化粧もビシッとして気を使うのに、会社に着いた途端、サンダルに履きかえてペタペタ歩いたり、ランチを食べた後、口紅がとれても全然気にしなかったりして、社内での「見た目」に意識が働いていない人たちです。中には家なのか会社なのか、見分けがつかない人たちもいます。もちろん、ファッションの前に仕事ができていることは大事なことですが、なんとなく「だらしないなあ」と思う人への評価は、案外厳しいものです。

反対に、社内であっても、ピカピカの靴を履いて颯爽と歩く姿は誰が見ても気持ちいいものですし、女性ならいつもきれいでいてほしい、見苦しい格好はしてほしくない、と思うのは当たり前でしょう。華美にする必要はありませんが、見た目の清潔感は人間性にもプラスのイメージを与え、相手にとっての「善人」になれる心理的効果があります。社内の人たちに好感をもってもらえれば、人間関係もスムーズになりますし、そうなれば仕事もずっとやりやすくなるのです。

そういう人が、「会社を辞めるらしい」となったら、「困ったことがあれば、わたくしに相談しなさい」「よかったら、僕の知り合いの会社を紹介しよう」と言ってくれる上司たちも出てくるでしょう。昇進や昇給はもちろんのこと、仕事を通じてあなたに幸運をもたらしてくれるのは、あなたを評価してくれる人たちです。よくも悪くも、長い時間あなたを見ているのは社内の人たちなのですから、行き帰りよりむしろ、社内での身だしなみに気を配ることがムダではないことがわかるでしょう。

「見た目」もあなたを表現するための大事なツール。おしゃれやヘアケアに使うお金も、立派な先行投資です。男性でも、「今日は外出がないから」って、ひざの抜けたパンツなんてはいてきたらイメージはガタ落ち。履きつぶした靴、名刺入れ、コートの襟汚れなど、誰も見ていないようでしっかり見られています。自分の見た目に責任をもちましょう。

オフィスであっても公的な場であることには変わりはないと心得て、今までより少しだけ、気を引き締めてみましょう。プロビジネスパーソンは上司から子ども扱いされない気迫があるものです。

「公」を整える

日本では昔から儀礼や祭、年中行事などの非日常を「ハレ」、日常のことを「ケ」と呼び、「ハレ」と「ケ」を生活のけじめとして、服装や振る舞い、言葉遣いを分けていました。お侍さんが城へ上がるときの正装が紋付き袴姿なのは、時代劇でもご存知の通りですが、武士にかぎらず、職人や農民も袴は正装とされていました。農民のもんぺも実は袴の一種であり、身分にふさわしい正装としての袴が決められていたのです。

現代は、ビジネスが時には「ハレ」の場ということになります。現代でこそ、職種によってスーツを必要としないラフな職場が多くなりましたが、会社員であれば、いつ何を指示されるかわかりません。突然、上役の代わりに重要な取引先に会うこともあるでしょうし、弔事に駆けつけなければならないときもあるでしょう。そういうときのために、「どんな場に出ても恥ずかしくない、オールラウンドな服を1着オフィスに置いておきましょう」と申し上げています。男性ならネイビーか黒っぽいスーツ、女性ならスーツか、もしくはワンピースでもいいと思います。

ここぞというときに、どう見てもカジュアルな格好で恥ずかしい思いをするのは、あなただけではありません。せっかく出番を与えられても、相手に足元を見られるようではプロのビジネスパーソンとは言えず、そういう人からは、重要な仕事もだんだん遠のいていくでしょう。その逆で、いざというときに準備ができている人、用意の整っている人は嫌でも目立ちますから、重宝がられるようになります。そういう人を見て、「ふん、格好つけやがって」と思う人もいるかもしれませんが、そうではありません。いつでも準備万端に整えている人が極端に少ないだけで、そのような人は、やはりビジネスのプロとして心構えが違うのです。すみずみまできちんとしようとする人は、服装だけにとどまらず、どこへ行っても正々堂々としているはずです。

公の振る舞いがきちんとできてくると、だんだん、自分のためだけでなく、人のためにもなる行為が自然とできてくるようになります。それは、後の人に迷惑をかけない、嫌な気持ちにさせない、ということです。自分さえよければいいと考えるのではなく、次に使う人のことを思いやって行動することが、魂を成長させるのです。

たとえば、先ほど述べたように、いつ誰が仕事を引き継いでもいいように整理ノートをつけておくこともそうです。また、デスクの中にハサミ、ホッチキス等は整理して誰が開けても美しくしておく。共有の資料を見たら元の場所に戻しておく、給湯室を使ったら使う前と同じ状態に整える。トイレに入ったら、たとえ前の人の汚れであっても、きれいにして出てくるなど、オフィスでやれることはいろいろあります。これらを発展させれば、食事に行った先のトイレでも、洗面所に髪の毛が落ちていればペーパーで拭いて出てくるようになるでしょうし、旅先のホテルでも、部屋を後にするとき、きちんと整えないと気がすまなくなってくるでしょう。最初は億劫かもしれませんが、クセになってしまえば簡単なことです。

世間一般で成功者と呼ばれる人たちは、豪快で、明るいけれど大ざっぱ、というイメージがありますが、実際は、そういう人ほど、普通の人以上に細かいことに気を配っているものです。反対に、そうした神経の細やかさをもちながら大胆になれるから、人生がうまくいくのかもしれません。とにかく一事が万事で、小さなことを手を抜かずにやっていると、個人の成績や運も自然と上がっていくものなのです。

お給料をいただきながら自分の実力を上げられるのです。配偶が変わっても腐らないことです。すべての仕事がわかると起業もできます。

「いいこと」を私物化しない

昔の武士のように、自分を厳しく律し、プロとして隙をつくらないことは、魂を成長させる上で非常に大切なことです。ところが、その隙のなさが時として裏目に出ることもあります。セミナーなどをやって気づくのは、今のビジネスパーソンたちはフィードバックする力が弱い、いい情報を自分のなかにため込むクセがある、ということです。そのことが「孤立」を生み、魂の成長をさまたげてしまうのです。

食うか食われるかのビジネスの世界では、どうしても情報を自分の中に閉じ込めてしまいがちです。社内であっても競争社会に変わりはなく、いい情報をフィードバックできないという人もいるでしょう。あるいは、「年長者による若者搾取論」や、「年収も上がらず、遊びも恋愛もできず、声も上げられない若者」といった風潮が、さまざまな年齢が集まる組織間の分断をあおっているのかもしれません。

今は、社内でも会話のない職場が多いと聞きます。「ランチに行こう」と言うのも社内メール。そういう中で働いていれば、余計に閉塞感がたまっていくでしょう。そうしたコミュニケーションの分断は、人と人とのつながりや助けをなくして「孤立」を促すだけでなく、信頼をなくし、対立を生むだけです。

たとえば、ある女性社員が、とてもいいアイデアを思いついたとします。

彼女はとても聡明な人で、上司がミーティング中に外部から電話が入ったとき、会議を邪魔せず、用件を伝える手段はないかと考えました。それまで、会議中に「〇〇商事の〇〇様からお電話です」と、取引先の社名を出して怒られていた同僚や、上司に「わかった」と言われたのを「折り返し」の意味だととらずに、電話を保留にしておき、10分以上も相手を待たせて平謝りしていた先輩を見ていたからです。

それで、メモとペンをもってそっと会議室に入り、「○○商事の○○様からお電話です。電話に出る・かけ直す」というメモを見せ、すぐ電話に出るか、かけ直すか、ペンで丸をつけてもらうという方法を思いついたのです。

彼女はさらに、そのメモを捨てずに自分のデスクに残しておき、会議を終えて出てきた上司に、ひと言「○○さんへのお電話、お願いします」と声をかけるアイデアも盛り込みました。これなら電話を待っている相手に迷惑もかけず、伝言を引き受けた自分の仕事もまっとうできます。

案の定、このアイデアは上司の心に見事ヒットし、「きみは気が利くね〜」とほめられ、上司から何かと引き立ててもらえるようになりました。ところが、彼女はそのアイデアを誰にも教えませんでした。最初は、ほめられようと思ってやったことではなかったのに、上司が認めてくれた途端、自分だけが見つけたやり方を教えるのは「もったいない」と思ってしまったのです。

あなた自身も、自分の行動を振り返ってみてください。仕事のできる人ほど、「ひとりでがんばることに価値がある」「人任せにしないで自分できっちりやることが、いい仕事をすることだ」と思ってしまうものですが、そうした行動が、人の心をどんどん遠ざけ、サポートを失ってしまうということがあります。

人生は椅子取りゲームではありません。自分の行動に責任を取ることはたしかに大事なことですが、その中で気づいたこと、人のためになることをひとり占めしてしまったら、人間力が落ち、まわりの協力を得られなくなるどころか、いずれ個人の限界という壁にぶつかり、向上が止まってしまうでしょう。

いい情報を公開したら、自分が損をしてしまうと感じるのは、狭い範囲でしかものを見ていないから。実際は、情報を伝えることで、まわりから感謝され、あなた自身も新しい情報を知り、自分のなかの豊かさをもっと広げることができるようになります。そして、あなたの人間力も磨かれていくのです。

本当に「人の役に立つ」ためには、自分ひとりの力では無理だということを知って、多くの人から協力を得るために、どんどん自分からフィードバックすることが大切です。フィードバックの力が強ければ強いほど、あなたの人間的評価も上がっていくでしょう。どうもこの力は人類全般に弱いようですね。各宗教も折伏や伝導という形でフィードバックを促しています。

「責任」とは、「反応する能力」

責任感の強い人ほど、まだ足りない、まだやれると、自分にプレッシャーを与え続けてしまうものです。その結果、重圧に耐えかねて体を壊してしまう人もいます。

以前のわたくしもそうでした。「仕事のできる女」と言われて、管理職を任されたのはいいのですが、新米管理職のわたくしは、数十人を率いる部隊を前に、何かあったら責めを負うのは自分だと気負い込み、部下に仕事を任せることができず、ひとり相撲を取った挙句に胃潰瘍になってしまったのです。

そのとき思い切って休みを取り、アメリカに研修に行ったことが、自分にとって転機になりました。

その研修で学んだのは、「責任とは何か」ということでした。

ちなみに「責任」を辞書で引くと、「①立場上、当然負わなければならない任務や義務。②自分のしたことの結果について、責めを負うこと。特に、失敗や損失による責めを負うこと」とあります。わたくしも、「責任をとる」とは、読んで字のごとく、何か問題が起これば、責任者である私が処分を受けたり、制裁を受けたり、罰を受けたりすることだと思っていました。だから、「問題を起こしてはいけない」「絶対に失敗できない」と思い込んでいたのです。

ところが、研修に行って驚きました。

講師は、わたくしたちにこう言ったのです。

「『責任』と言われると、非常に重たく感じるかもしれません。でも『責任』は、もともと〝response〟と〝ability〟の造語。『責任』とは、〝反応〟する〝能力〟のことですよ」

たとえば、街のコーヒーショップで、お客様がコーヒーをこぼしたとしたら、お店のスタッフが床を拭いたり、おしぼりをもってきたりしますよね。何かあったときに反応する。これが、つまり「責任をとる」ということであり、「責任をとらない」「無責任」とは、こぼれたコーヒーをそのまま放っておくこと。問題を見たり聞いたりしても、「無反応」であることだと教えてもらったのです。

もし医者であれば、診察に来た人の病気の治療に当たることが責任であり、弁護士であれば、相談者の話を聞いて、法的なアドバイスをすることが責任であるように、病気のもとをつくらせない、トラブルを発生させないことが「責任」ではないということです。父親なら、「子どもが不登校になった」と妻に言われたとき、妻の話を真剣に聞き、学校の先生にかけ合ったり、他の学校を探したりすることが「責任をとる」ことだと、理解できたのです。

それを自分に当てはめれば、仮に部下が誤発注をして会社に損害を与えてしまったときに、部下から詳しい話を聞き、事実を確認し、対応策を考え、問題を報告して関連部署に根回しするのが、管理職である自分の「責任」だということがわかりました。

講師は、リーダーとは、別名 fireman「火消し人」だと言われました。「火を出さない」ことが役割ではなく、「火元」をつきとめ「消火活動をする」ことが、自分の役割だったのです。それがわかって、いっぺんに気持ちが楽になりました。問題は起きて当たり前、いかに反応して消しとめるかが責任をとるということです。

もしかしたら、同じようなことで悩んでいる方がいるかもしれません。でも、安心してください。

責任を任されるということは、怖いことでも、苦しいことでもありません。ましてや誰かを信じられなくなることでもありません。わたくしは、「責任」の意味を知って、かえって部下たちに重要な仕事を任せられるようになりました。取締役から、「これだけ予算の大きな仕事だからね。失敗したらそれなりに責任をとってもらうよ」と言われても、「喜んで！」と笑顔で返すことができるようになったのです。

その代わり、部署にとっていいと思うこと、部下のためになると思うことは、どんどん伝え、情報を与えることを惜しみませんでした。その結果、部署全体の力が底上げされ、リーダーとしてのマネージメント能力も飛躍的にアップしたのです。

その後、会社を辞めて独立を決めたとき、「会社を興すんだって？　僕も出資させてもらうよ。きみなら必ず返してくれるから」と申し出てくださった上司は、ひとりやふたりではありませんでした。

ＶＩＰ対応を心がける。正攻法で光る。すみずみまで手を抜かない。女の武器や色気を使わない。プロに徹する。自分を信じ、誠実な仕事をする。これらはすべて、「自己表現力」にほかなりません。この力を精一杯発揮した結果、喜んでくれる人が多ければ多いほど、あなたは、あなた自身の幸せとともに富を得ることができるでしょう。なぜなら、それが「魂の進む道と人生の道がフィットした」状態だからです。

人々の喜びのある場所に、運も富もやってきます。あとは、あなたの魂にしたがって行動するのみです。

第5章

富と成功を手にする8つの行動指標

あなたが富と成功を手にするために、今日からできる8つの行動指標をお伝えしたいと思います。

1 「公」「私」をきちんと分ける

つねに「自分はプロフェッショナルだ」という自覚をもって、目の前のことに取り組みましょう。特に気をつけたいのは、プライベートを仕事場に持ち込まないことです。私用電話や私用メールを避けることはもちろんですが、恋の悩みや家族、友人とのトラブルなど、プライベートで生じた機嫌の悪さやイライラを持ち込むと、表情や態度に出てしまうばかりか、大きな失敗やミスのもとになります。ブルーデーなど人間誰しも調子の悪いときはありますが、そんな日は、せめてニュートラルを心がけましょう。仕事前に鏡に向かって笑顔をつくるなど、「これをやったら仕事モード」になれる儀式をつくっておくといいかもしれません。

2 仕事上使うものに先行投資をする

スケジュール帳、名刺入れ、ビジネスバッグなど、会社が支給してくれないものはもちろんのこと、ボールペン1本、整理用ファイル1冊、ティッシュボックス1個でも、「これを使うと気分よく仕事がはかどる」と思えるものがあれば、どんどん先行投資しましょう。また、ミス防止シートやチェック用スタンプなど、仕事環境をよくするためのアイデアがあれば、自費を投じて自分専用のオリジナルツールをつくってしまうのもいいでしょう。それらは、あなたらしい「自己表現」のためにも必要な投資となります。直接仕事に結びつかなくても、気になる本を読んだり、イベント・セミナーに出かけたりすることも、立派な先行投資です。

3 お給料の1割は社会還元する

お金への執着を手放すと、あなたに入ってくるお金の流れがスムーズになります。仮にあなたのお給料が30万円なら、「10分の1」の3万円は社会還元することにして、小さい金額にこだわる意識をなくしましょう。よく「お金は旅をしたがっている」といいますが、たとえば、「タクシーで急いでもらったら、〝おつりはいいです〟と言う」「自分がお酒を飲まなくても、割り勘で払う」「〝小銭がないから、コーヒー代貸してくれる？〟と言われたら、〝おごります〟と言う」「スーパーで買ったトマトが1個傷んでいたら、寄付したつもりになる」「会社の冷蔵庫に入れておいたプリンを食べられても怒らない」など、あなたのちょっとした気前よさがお金を喜ばせ、また仲間（お金）を連れてきてくれるのです。キリスト教の10分の1献金はお金のエネルギーがとどこおらないすばらしい知恵です。

4 身近な人（社内の人）を大切にする

あなたに幸せを運んでくれるのは、あなたの身近にいる人たちです。たとえば、出張帰りに土産物店に立ち寄り、2000円のお土産と3000円のお土産で迷ったとしたら、高いほうを選びましょう。安いほうを選んでしまうと、渡す人たちの価値を低く見積もったような罪悪感から、自分自身の心を貧しくしてしまいます。「迷ったら高いほう」とルールを決めれば、いつでも豊かな心で接することができるのです。これは、社内だけでなく、友達、恋人、家族にも当てはまるルール。豊かな心で付き合うと、人間関係もスムーズになります。また、なんとなくウマが合わないという相手へのプレゼントも有効です。人は物をもらうと本能的によい人と決めるようです。意地悪されている人は案外贈り物が有効ですよ。大切にされていると思うと相手の心が和み、敵が一転、味方になってくれる場合も多いものです。

5 失敗しても言い訳しない

どんな理由があろうと、ミスはミス。自分が悪くないと思うと、人間はつい黙ったり、反撃したりしてしまうものですが、「自分の注意が足りませんでした。申し訳ありません。以後気をつけます」と、潔く謝れば、相手もそれ以上怒ることはできません。反対に、相手が怒っているときに言い訳をすれば、火に油を注ぐようなもので、怒りをエスカレートさせるだけでなく、問題をこじれさせるだけです。まずは、無用な衝突を避けるためにもＶＩＰ対応で相手をクールダウンさせるのが賢いやり方。もし正当な理由があれば、ある程度時間がたって、落ち着いたところで仕切り直ししましょう。

6 明るい色を着る

男性の勝負服は、「パワースーツ」と呼ばれる組み合わせがおすすめです。クールな知性を表現する「ネイビーブルーのスーツ」、清潔感を表す「白いワイシャツ」、情熱を表現する「ワインレッドのネクタイ」の3点セットで、何事も乗り切りましょう。女性の場合は、服装のどこかに〝戦わない色〟である「ピンク」を入れるのがおすすめです。ビジネスウーマンで男性と同じように黒っぽい服を着ている人も多く見かけますが、黒は重みやすごみを出してしまい、なかなか調和がとれません。問題を処理する場合は、かえって相手とぶつかり、事態を悪化させてしまうこともあるのでインナーの色を工夫してください。男性でも、穏やかに問題解決したい場合は「ピンク系のネクタイ」を選ぶといいでしょう。

7 太陽を背にする

ここ一番を決めたいとき、(時間と場所を計算して) 太陽を背負うように身を置き、自分の顔色を相手に読ませず、反対に、相手を光の中心に出すと、あなたに対して素直になってくれます。宮本武蔵と佐々木小次郎が巌流島で戦ったとき、太陽が昇り、ちょうど自分の顔が見えない角度に来るのを見計らって到着した武蔵とは対照的に、小次郎の顔は太陽を受けて丸見え。武蔵は、そこに心理戦で打って出たのです。

ビジネスの場では、社長の応接室などで、やはり相手の顔が光を受けるようにソファを配置したオフィスを見かけることがあります。大型の契約や、プロポーズなどいざというときに、この方法で運を招き入れてはいかがでしょうか。

8 礼儀は自分から先に尽くす

きちんとした礼儀作法は、ビジネスにおける先手必勝法のひとつです。礼儀作法というもっとも日本的な部分で上手をとられると、相手が自分より大きく見えて、心理的に「負けた」と思わされる。それで、手も足も出なくなってしまうのです。

たとえば、名刺を交換して「よろしくお願いいたします」とやったとき、あなたの礼が完璧なら、たとえ相手のほうが年上でも、その時点からあなたが商談の主導権を握ることができます。それだけの力があるということです。また、会議室や応接室、車内などの席次や席順、あるいは、敬語・謙譲語・丁寧語の言葉遣いも、きちんとマスターしていれば、どのような場面でも緊張することなく堂々と振る舞うことができるでしょう。魂道と人生道を一致させ、さらに最高の日本文化である礼儀作法をわきまえることができたあなたは、おそらく無敵の存在となるに違いありません。

エピローグ

人々が幸せと考える道と、魂の向かうべき道は、少しのずれがあるようです。魂の向かうべき道と人生道とのずれが大きくなればなるほど、人は苦しみ迷います。この軌道修正をする力が心の強さになると思います。

不思議な話ですが、見えない世界は美しいものばかりではありません。現世利益を叶える神は神ではないのかもしれません。神を語る別物です。本物の神は現世利益を一切叶えません。では、現世利益が自在になる彼等は、あなたのいったい何が目当てなのでしょうか?

それは、あなたの唯一のもの、御魂《おみたま》なのです。

いかに、信じられない世界であっても、あなたが信じようと信じまいと、ある世界はあるようです。

もしあるならば、暗闇を歩くときはたいまつがあったほうが安心です。

何ももたず裸で産まれてきて、すべてを置いて裸であの世に還るとき、もっていける成果は〝徳〟だけということです。

「何のために産まれてきたのか？」そして「何のために生きるのか？」という人類の根源的な問いかけに、古の師たちは、すでに答えを出してくれています。

それは、魂を成長させるためです。

そのためには、魂の浄化が不可欠となります。

本書の目的であり、教育者としての命題は、ただひとつ、魂の浄化です。

生涯のあなたの伴侶として〝浄化〟の言葉を贈ります。片時も身から離さないでくださいね。

本書を世に送り出すにあたって、恩師と同胞の方々に、心からの感謝を申し上げます。

稲垣　説子

参考文献

『文明興亡の宇宙法則』　岸根　卓郎　講談社
『日本賛辞の至言　33撰　世界の偉人たちが贈る』　波田野　毅　ごま書房
『決定版　国民の歴史』　西尾　幹二　文春文庫
『新訂　字統』　白川　静　平凡社
『日本力』　松岡　正剛、エバレット・ブラウン　ＰＡＲＣＯ出版
『武道の心で毎日を生きる』　宇城　憲治　サンマーク出版

●著者略歴

稲垣 説子（Setsuko Inagaki）
株式会社ジョイグループ代表取締役社長。
NPO法人社会教育推進さくら会副理事長。企業コンサルタント。教育者。
慶応義塾大学文学部人間関係学科卒。全国各商工会議所、政府官公庁、明治記念館、東京ディズニーランド（アンバサダー教育）、その他大手企業で、ビジネスから生き方まで幅広いテーマで研修を行っている。
人間の感性と能力を呼び覚ます「総合的人間力向上」を目的とした感動のセミナーは評価が高い。
公式ホームページ　http://inagakisetsuko.com/
NPO法人社会教育推進さくら会　http://sakurakai-npo.org/

＜企画協力＞
株式会社オープンマインド

答えは魂が知っている
富と成功がずっと続く10の法則

2011年 5月 4日　　第１刷発行

著　者　稲垣 説子
発行者　鈴木 健太郎
発行所　株式会社ビジネス社
〒105－0014　東京都港区芝3-4-11（芝シティビル）
電話　03（5444）4761（代表）
http://www.business-sha.co.jp

〈編集協力〉宮嶋 尚美
〈装丁〉八柳 匡友
〈本文DTP〉茂呂田 剛／佐藤 ちひろ（エムアンドケイ）
本文印刷・製本／中央精版印刷株式会社
〈編集担当〉武井 章乃　〈営業担当〉江利口 克彦

ISBN978-4-8284-1642-7